逆行人生

從命中注定的輸家到財富自由的贏家！
七個步驟獲得不平凡的人生！

自青/著

黃芫婷/譯

八方出版

增訂版序言
超越《逆行人生》

在一年之內，發生了奇蹟。《逆行人生》出版不到一年就已經賣出了四十萬本，連續五週登上了韓國教保文庫的榜首，並且在韓國網路書店 YES24 連續六週位居榜首，被選為 2022年的「年度書籍」。在出書前，我經常對身邊的作家這樣說：「這本書一定會成為綜合暢銷書第一名，而且會長期霸榜。」但是人們不相信我。他們說：「雖然在商業和 YouTube 領域，你受到認可，但出版書籍方面絕對不可能成功，很少有人出第一本書就能登上暢銷書榜首。」

但是，我的話變成了現實。它在很多方面來說都非常優秀。當我思考為何我的第一本書能獲得成功時，我想是因為我使用了三種公式：「樣本理論、畢卡索理論、漏斗理論」。

就像數學有公式一樣，我認為人生也有公式。我稱之為「生活駭客」。我在《逆行人生》中主張透過「七階段逆行者模型」能獲得人生的自由。人們經常反駁說：「人生哪有公式？」，但我將這個公式應用到寫書上，並成為暢銷書排行榜榜首的作家。不僅如此，我還利用這個公式工作，每月不工作也能賺到數億韓元。方法很明確。

在寫《逆行人生》初稿的時候，我不斷想起逆行人生公式第一階段出現的「自我意識解體」。製作內容的人在初期經常會犯一個常見的錯誤，那就是誤以為「自己腦中的想法必然出色」，以及「別人一定會喜歡我喜歡的東西」。這就是受到過度自我意識的干擾，製作只有自己覺得有趣和有意義的內容。

我不相信我腦子裡的幻想，而是借鑑了二十年來成功暢銷書的模式。在開頭部分，我為了讓人們更容易讀懂，用青少年也能讀懂簡單敘事法展開，越到後半部，我試圖深入探討更深度的內容，並且我將書的內容建構成所有韓國人都能樂讀並應用於生活的，而不僅限於我的專業領域。

一般來說，賣得不好的書的樣本太小（樣本理論），或者不參考成功書籍，一味追求自己的獨創性，最終創造出沒人想讀的書（畢卡索理論），又或者是，從頭到尾的結構過於簡單或過於複雜，導致書籍無法長期暢銷（漏斗理論）。

你只問我這是一本關於如何寫出暢銷書的方法的書嗎？這個故事並不侷限於如何寫出暢銷書，而是描述一切皆有其公式和原理的書，獲得人生自由也是一樣。這本書中包含了獲得人生自由的公式和原理。

在此次的《逆行人生》增訂版，我進行了許多修改，與原有的書相比，新增加了約一百頁，充分體現了我的風格。《逆行人生》首次出版時，因為分量的問題，我不得不將原稿刪減了約一百頁，令我留下了遺憾。

　　這次增訂版不僅包含了我過去被刪減的原稿，還包含了以初版以後的經驗為基礎，添加了升級內容。另外，我盡量簡單、親切地解答了不易理解的部分，對於應用上不明確的地方增加了具體說明，並追加了新的作業。在讀者可能提出異議的部分，我也增加了解釋以提高說服力。此外，我還強化了一些能提供實際幫助的創業項目，還有一起走上逆行人生之路的讀者們實際反饋與親身經驗。可以說，我已經全面彌補了初版中我個人感到遺憾的部分。各位對增訂版絕對能抱有期待。

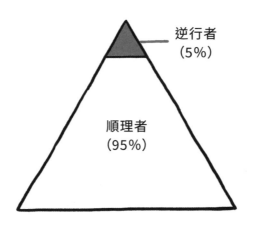

逆行者
（5%）

順理者
（95%）

95％的人依循命運平凡生活，

我稱之為順理人生者。

5％的人有違逆既定命運的能力，

憑藉該能力獲得人生自由，並享有財務自由，

對於違逆既定命運的人，

我稱之為逆行人生者。

　　看看農場裡的雞。我們能說牠有自由意志嗎？這些雞生活在有限的圍欄裡，根據遺傳基因的命令吃飼料、交配、下蛋，有時還和其他雞打架，生命的盡頭，變成了炸雞。從人類的角度來看，雞的命運從出生時就注定的。牠的活動半徑和生命的盡頭都是注定的。

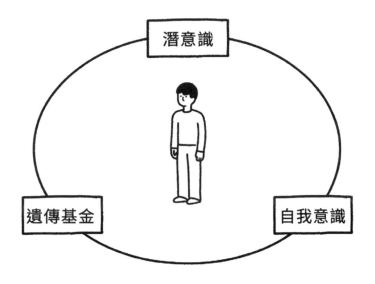

　　人類的生活與雞沒有太大的不同，人類也有自己的圍欄。
這個圍欄由基因、潛意識，自我意識組成。這個煩人的圍欄決
定著人類的命運。人類自認為有自由意志，是特別的存在，但
這都是幻想。大家的想法相同，意味著那個想法不過是平凡的
想法，而只擁有平凡想法的人絕對不能獲得自由。

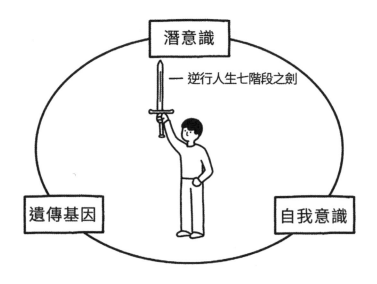

　　該怎麼做才能走出圍欄？想當然爾，必須砍掉圍欄。同樣，
要擺脫命運，獲得真正的自由，你就必須除去基因、潛意識、
自我意識的圍欄。 現在可能有人會問：「我該如何擺脫圍欄？」
決定人類命運的圍欄比我們想像中的更堅韌、更堅固。 要砍斷
這道圍欄，你需要一把非常鋒利的劍。 這把劍就是被稱為『逆
行人生七階段模型』的劍。 人一旦脫離了圍欄，就能夠自由思
考，過著與別人不同的特別生活。

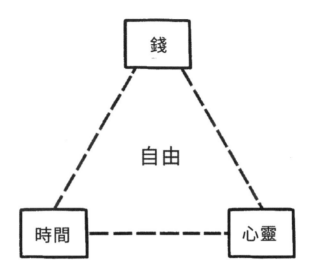

　　假設有一隻雞經過自我訓練，變成了能夠擊敗老虎「超級雞」，並成功擺脫圍欄。這隻雞可以說找到了真正的自由，現在這隻雞最後的「雞生」時刻不會是變成炸雞了。當我們用「逆行人生者七階段模型」的利劍斬斷禁錮人類的三道圍欄時，我們面臨的自由就是「擺脫金錢、時間和心靈的自由」。 這是人類獲得真正自由的時刻。我非常很喜歡叔本華，但我認為他說「生命是苦難」一言是錯的。 人生本就是個「不可思議的遊樂場」。

目錄

序言

即使不工作，
三十歲出頭，
每月也能獲得
一億韓圜的被動收益

「三千萬韓圜（約 72 萬元台幣）匿名匯款已匯入您的帳戶。」

小時候玩遊戲，我很羨慕等級高的叔叔們。他們輕鬆地擊敗怪物，賺到金錢，甚至什麼都不做，他們的財富也在增加。雖然是虛擬貨幣，但在年幼的我眼裡，

他們是最令人羨慕的人。對於極度貧窮和自卑的我來說，遊戲是我逃避世界的唯一避難所。然而，即使在我逃往的地方，那地方也有令我羨慕的人。

二十年過去了。我很幸運，什麼都不做也能賺入數億韓元。上個月，三名我素未謀面的年輕人分別匯了一千萬韓圜（約 23 萬 4 千元台幣），表達感激之情。他們說看到我的部落格，獲得了經濟自由。

在我的學生時代，總是有三道牆擋住了我的人生——學業、金錢與外貌。我是全校最後一名，也是人生的最後一名。被這三道牆擋住的我過著喪屍般的人生。我沒嫉妒過任何人，因為差距太大的時候，是不會產生嫉妒之心的。

我深信自己是劣等生物，人生沒有任何希望，並且認為這輩子我的月薪都不可能超過二百萬韓圜（約 4 萬 6 千元台幣）。我的夢想是在半月工業園區的工廠找到工作，住在套房裡玩遊戲。我討厭現實，喜歡遊戲世界。實際上，上國中和高中時，我所有清醒的時間都在玩遊戲。你是否在電視上看到過，有個人在書桌前堆了五人份分量的碗盤，像廢人一樣玩遊戲的人嗎？那個人就是我。

| 20歲的我與現在的我 |

　　長大成人後我找不到打工的機會。究竟哪裡出了問題？當時的我有著嚴重的青春痘，戴膠框眼鏡，身穿格紋襯衫，不敢與人對視，不會有老闆願意雇用與社會格格不入的人。在那樣的我的身上發生了一個奇蹟。我以前不愛看書，和書有距離感，但那時我讀了一本書。我拿起書的原因很簡單。因為我不擅長處理人際關係，無法與人好好相處，我覺得看書能幫助我與他人溝通交流，所以選了一本與人際對話有關的書。那本書強調傾聽的重要性，儘管書的內容並不特別，但就像書中說的一樣，當我傾聽他人的話，並給予反饋後，我感覺人們的態度逐漸出現改變，先前不喜歡我加入對話的人，自然而然地開始喜歡和我說話，甚而覺得向我傾吐煩惱更自在。當時，我看見了一個希望，「原來人生就像遊戲一樣，是有攻略的」。

　　從那之後，我了解越來越多的訣竅，多虧那些知識，我才

徹底改變了過去自己認為永遠跨不過去的牆——學業、金錢與外表。人生並非地獄，不是永遠無法改變的，而是一款能不斷升級的有趣遊戲，而且比線上遊戲更瘋、更有意思。

那三道牆逐漸倒塌。自從我獲得訣竅相信人生也有攻略後，人生發生了不可思議的變化。四年後，我每個月開始收到 3 千萬韓圜（約 70 萬元台幣）的鉅款，從那之後，我累積更多經驗值，到了 30 歲出頭，即使我什麼都不做，每個月也能獲得 1 億韓圜（約 230 萬元台幣）的被動收益。又過了幾年的今天，我每天抱著「還有比現在更幸福的時候嗎？」的想法，迎接新的早晨。

◉ 最近，我每天早上醒來都會想說「這是我的模樣？真是太扯了……」，我擺脫了過去被容貌焦慮折磨的自己，現在養成運動的習慣，像是網球、健身與高爾夫等，過著心滿意足的生活。

◉ 我在濟州島住了兩週，寫下了這本書。多虧了被動收入，我幾乎依舊在沒工作的十天內就賺進1億韓圜（約234萬元台幣）。而我的戶頭裡有數十億韓圜，錢會滾錢。

◉ 我白手起家，創立公司，現在擁有約130名全職員工、實習生與約聘員工，旗下有六家負責不同業務的公司，包括Isanghan行銷、Atrasan、Pudufu等。我不在的情況下公司也能自動運作。

◉ 不久前，我在江南市中心與清潭洞分別開了「慾望書吧」與「威士忌酒吧」。白天我喜歡去慾望書吧的屋頂上喝咖啡，

展開新的一天，晚上則去威士忌酒吧和人們交流。

◉我超越單純的財務自由，獲得了時間自由。雖然我的資金不足與一流企業家和富豪相比，但我擁有的自由比誰都多。

　　我把這些我認為是人生攻略的特別方法命名為「逆行人生者的七階段模型」，本書裡包含把我過去犯錯的十年，減少到三年的所有「訣竅」。如果有時光機，我很希望把這本書交給十年前的我，至少要是當時的我知道部分訣竅該有多好，我就不會繞遠路與吃那麼多苦，應該能更快地找到自由。撰寫這本書的原因，是希望讀者能在讀完這本書後，代替我走上捷徑，祝好運。

　　我之所以將這本書的全部收益捐贈，並沒有特別的理由，僅僅是因為希望靠著這本書是全部收益捐出的形象，能讓多一個人讀這本書，徹底改變人生。

逆行人生者的七階段模型

　　無論讀多少與致富相關的書、自我發展的書籍、房地產的書，都沒有變化的原因很簡單。因為你沒有按照步驟行動。例如，如果你想踢好足球，你不僅需要在比賽中拚命努力，還應該擁有基本的肌力，以及打好基本功。參加過運動同好會的人都知道，有上過課的人和沒上過課的人的實力差距有天壤之別。同樣，大多數的人沒有訓練人生的基本功，只是按照本能生活。

他們盲目地按照遺傳基因和潛意識的命令生活。結果就是沒能擺脫「平凡的人生」、「受束縛的人生」，最終活成了順理人生者。

那麼逆行人生者七階段模型到底是什麼？雖然你一開始可能會感到陌生，但只要繼續瀏覽，你很快就會熟悉它。

第一階段 自我意識解體
第二階段 塑造認同感
第三階段 基因錯誤啟動
第四階段 大腦自動化
第五階段 逆行人生者的知識
第六階段 獲得財務自由的具體途徑
第七階段 逆行人生者的轉輪

大多數的人都會順從基因與本能的指令，無法脫離平凡，然而，真正的我卻被「我不一樣」的自我意識所束縛，陷入無限合理化，渾然不知自己犯了多少理性與感性上的錯誤，日復一日做著相同的事，如同繞滾輪行走般。在我 20 歲之前，我也被困在那種滾輪裡，所以比誰都清楚那種情況。我們為何得不到真正的自由？為何老把錢掛在嘴上，一輩子為金錢所苦？

「我認真讀書，考進一流大學，也讀了很多股票相關書籍，卻還是不自由。我這麼拚死拚活，為什麼還是不行？」

我懂這句話的意思。我想告訴你，那是因為沒有依序進行

逆行人生者的七階段模式，但凡漏掉其中一個階段，就很難走上捷徑，而且會和徹底自由離得更遠。有些招數只有練好基本功之後才能啟動，有時是因為你的順序錯誤而無法發揮積累效果，就像有些學生整天埋頭苦讀，成績卻不見起色一樣。

只要反覆執行七個階段，就能獲得財務與人生自由，至少能輕鬆獲得目前收入的三倍。當然，這並不適用所有人，最起碼要有讀懂這本書的理解能力。坦白說，我覺得很多人的閱讀理解能力不夠好。你有基本的閱讀理解能力嗎？如果你能讀到這裡，那麼你可以認為自己已經具備了足夠的「閱讀智力」。換句話說，你是一個擁有選擇自由與否的人。基於這個原因，我不認為每個人都能成為逆行人生者，至少需要具備足夠的智力水準才能閱讀這本書。

大多數人都是盲目努力，把力氣放在錯的事上，不知道那些努力的連鎖效應，到最後精疲力竭地放棄，或是說著「錢在人生中沒那麼重要」，合理化自己，退回原點。這就是順理人生者的思考方式。雖然我曾經處於社會最底層，但為了追求自由，我在生活中不斷探索出各種方法，並在此過程中發現了一定的模式和順序。那就是逆行人生者七階段模型。

我想簡單說明逆行人生者的七階段模型。人無法獲得財務、時間與心靈自由的原因是什麼？這本書明白揭示了答案：「因為人們依循本能與基因的指令而活」。人打從出生以來，命運大致上已經被底定。一出生便處於上位 50% 的人，終其一生的生活水準會遊走於 45%～55% 的位置，但他們渾然不覺，受控於自我意識而進行合理化行為，盼望「我總有一天會成為自己人生的主角」。

讓我們看看養雞場的雞。雞的命運其實是注定的。雞在圍欄裡生活，與其他的雞交流，最終老死或被人類吃掉。雞可能認為自己擁有自由的命運。人類也誤以為自己擁有「自我」，而誤以為自己擁有自由意志。

區分人類和動物的特徵為是否擁有「自我」。事實上，就像動物一樣，人類的生活從出生到死都有一定的規定，但自我卻不斷地對我們耳語：「你擁有自由意志。你是這個世界的主人公。」因此，儘管人類是被遺傳基因、潛意識、自我意識所操縱的傀儡，但卻誤以為自己很特別。而且，我們基因的命令在很多情況下都不適合現代，只是優化了史前時代。

如果不能逆行基因、潛意識和自我意識的命令，你就會做出無數錯誤的判斷，最終毀掉人生。我們首先要把這三根繩索剪斷。我把切斷這三條線，獲得人生自由的人為「逆行人生者」。

首先，我們要改變潛意識。但是潛意識不會被輕易改變，即使有人告訴你「你可以自由」，你的潛意識卻會啟動一種防禦機制，說「我做不到」。繞過這種機制的最好方法就是「故事」。如果你聽見和你處於相同情況下的五十多個人是如何獲得自由的故事，你的潛意識就會出現裂痕。當你製造出這個裂痕後，你會更積極地通過逆行人生者的七階段模式，獲得自由。

第一階段 自我意識解體

自我意識對人類是不可或缺的，是一種防止人類自我崩潰的機制，不過大多數人卻濫用它變成妨礙自己發展的藉口，例如「我對錢沒興趣」、「世界上沒有能成為有錢人的方法」等，

這樣的藉口大部分是為了避免自我意識受傷而進行的合理化行為。因為人們認為,即使再想賺錢,一旦承認了「錢是好東西」的想法,便會使人生走上歧路。許多人愚蠢地決定逃避,是因為對金錢的創傷與恐懼,最後他們透過「投射」,把自我投射到一條冤枉路,浪費了人生。有些人自稱是 C 羅的粉絲,每天晚上都會在網路留言中爭論「為什麼 C 羅是最棒的」。他們將自我投射到 C 羅身上。另一些人留言誹謗沒有犯錯的有錢人,散播負面言論,他們將自我投射為「正義使者」。還有些準備公職的學生不惜浪費時間,凌晨就在美食店門口排隊,把排在第一的自己投射成「希望成為第一名」。這些人不是在過自己的人生,而是把自我投射到他人身上,浪費了自己的生命。

當自卑感發動或自我合理化被觸發時,我們必須承認自己做不到,不應該逃避現實,將把自己投射到他人身上。當我們面對這種不舒服的情感時,我們會思考如何讓自己變得更好,從而獲得新的成長。

第二階段 塑造認同感

哲學家路德維希・維根斯坦(Ludwig Josef Johann Wittgenstein)曾說過:「語言的界限是世界的界限」。同理,認同感(Identity)的界線是人類的界線。例如,認同「我是平凡的韓國人」的人能實現財務自由的機率為 0%。反之,認同「我能賺到月薪 1 億韓圜(約 230 萬元台幣)」的人,能實現財務自由的機率更高。這意味著,如果你能操縱你的認同感時,你就能毫不費力地實現目標。換言之,當賦予自己「我會成為一個暢銷作家」的認同感時,你將會擁有實現目標的機會。當然,

認同感難以隨心所欲地塑造，因此，在第二階段，我們會討論有意識地塑造「認同感」的方式。當能隨意塑造出認同感時，獲得自由的機率就會以幾何倍數增加。

第三階段 克服基因錯誤啟動

我有一句喜歡的話——「每個人一生中所做的決策的總和，累積起來就是現在的人生。」反覆做出錯誤決定的人會變得不幸或貧窮，是理所當然的。為什麼有人不斷地作出明智的決定，而有人卻只會重複作出愚蠢的決定呢？不能單純歸咎於智商高低，因為不斷地作出愚蠢決定的高學歷者隨處可見。那麼，怎樣才能不斷地作出好的決定，獲得人生的自由？很簡單。只要理解基因錯誤啟動就可以了。如果提前了解基因的錯誤啟動，就可以避免感情和本能打亂判斷。

什麼是基因錯誤啟動？我們的身體與本能為了適應原始環境，經過了數十萬年的進化。在原始時代，人類為求生存，擁有一看到食物就會立刻衝過去吃掉的本能，然而，對吸收過高熱量而患上成人病的現代人來說，這種本能極其危險。這種錯誤的本能就叫作「克魯機」（Kluge）[1]。如同被輸入「飛向光線」指令的飛蛾，會受困於路燈裡死去，過去對進化有利的本能仍然停留在我們的腦海裡，並像病毒般產生負面影響。如果我們不能理解根植於我們身體的雙重原始本能的運作方式，就會反覆做出錯誤的判斷，成為「順理人生者」，只能過平凡的人生或被束縛的人生。

1　原意為由不搭配的零件拼湊起的系統，後被用來比喻為大腦進化得不夠完美，導致缺陷。

我們餓了就吃飯；看到有魅力的人就會墜入愛河。像這樣，人類在「A」情境下，會自動產生「B」情感和思考。這就像按鋼琴鍵會發出聲音是一樣的。我們的基因誘導我們在特定情況下採取特定的行為，自動判斷大多數的情況下會對我們的生活有好處，但也有一些判斷是由於基因的錯誤啟動所導致的徹底的錯誤判斷。我為什麼會要這個東西？這種慾望是從哪裡來的？如果我們提前知道這一點，就能預防基因錯誤啟動。每天導正一個錯誤的人將迎來截然不同的人生。經過兩到三年，他們將遙遙領先順理人生者。

第四階段 大腦自動化

　　就算用前面的方法剪掉了讓我們成為傀儡本能的控制線，但不夠聰明的話，一樣無法得到自由。如果閱讀理解能力不好，看不懂本書的意思，就吸收不了第五階段與第六階段的知識和方法。賺錢也是一樣的，不知道該做什麼、怎麼做，只是白操勞身體，最後容易放棄。我們要讓自己變得聰明，也許有人會想，智力不是天生的嗎？但並非如此。

　　稍後在第一章，從我的故事裡，將知道我有多蠢，不管怎麼認真讀書都是吊車尾。我重修三次，仍舊擺脫不了中下的成績，但是後來我透過腦科學，學會變聰明的方法，「大腦優化」、「大腦自動化」就是其中之一。我在 20 多歲時經常發呆，理解力也很低，所以在對話的過程中，人們會像傻瓜一樣看著我。但現在我的大腦開始快速運轉，我經常會感到驚奇，自問：「我什麼時候反應變得這麼快？」

　　如何有效使用大腦的方法在科學領域已經被多次發表，而

且這些方法並不難。我將在後面介紹我實驗和驗證的「大腦優化」、「大腦自動化」方法。不用天天努力，只要建立一些小習慣，就能一輩子不斷地讓大腦升級。

與人們所想的不同，我非常懶惰。十二年來，我每天約中午十二點左右起床，一天的工作時間不到六小時。儘管如此，我之所以能比別人快十倍成長，是因為四階段的大腦自動化。在這本書裡，我絕對不會告訴你要努力生活，也不會要你下定決心，激勵自己。你只需要設置好大腦自動化，就能自動過上好日子，在玩樂的時候，你的頭腦反應也能變得更快，因此沒有必要拚死努力。沒必要為了未來的幸福而犧牲現在的幸福。

第五階段 逆行人生者的知識

人類每天都會做出無數的決定。假如普通人每天平均做出十個決定，五好五壞，而有個人通過逆行人生者的知識，增加做出好決定的機率為 10% 的話，這將會發生什麼事？讓我們簡單設想吧，如果每天能做出比昨天多做出一兩次更好的決定，十年後，也就是三千六百五十天的好決定，將累積複利。複利具有強大的力量，能為往後人生帶來的明顯差距，其結果不僅僅是獲得金錢的價值，也能獲得「人生的自由」。為了達到這個目標，我們在第五階段將學習「與本能背道而馳的知識」。

第六階段 獲得財務自由的具體途徑

到第五階段為止，可以說是增強基礎體力的肌力運動。當把所有部位，如腹部、大腿、手臂、腰等地方都練好肌肉，那

麼不管你做什麼運動都能立刻有好成績。反之，無論基礎再好，卻是第一次拿起網球拍的人，絕不可能打出一場精采的比賽。

在第六階段，我們會根據不同情況，具體討論獲得財務自由的方法。通往財務自由的路線非常多。我想設計一種在任何情況下都能通往財務自由的演算法。不管你是中小企業上班族、大企業上班族、低薪勞工、自僱者還是無業遊民，都沒有關係。你再也不能找各種藉口，說「這樣不行，那樣不行」了。我將使用「逆行人生者七階段模型」解釋，並證明各種情況的成功事例。如果你能按照第六階段提出的各種情況的技能樹進行，你獲得自由的機率將大大提高。

第七階段 逆行人生者的轉輪

由於史前時代的失敗與戰敗，與死亡直接相關，因此對失敗與打敗仗的恐懼深深烙印在人的天性中，人類長久以來過度恐懼失敗，不願挑戰新事物，並在失敗時會承受過大的壓力。不過，逆行人生者曉得這種原始的恐懼是沒有用的，他們會刻意與本能背道而馳，刻意面對失敗來獲得升級。世界級的網球選手、足球選手、職業電競玩家在坐上冠軍寶座之前，都先經歷過數千次的失敗。選手們知道唯有自己的實力提升，才能和更強的對手競爭。優秀的選手知道失敗比勝利更重要，這樣才能讓自己升級。如果參加了一場「成為富豪」遊戲，一定要向他們看齊，勇於失敗。當不斷在「逆行人生者第一階段到第六階段」的轉輪，面對失敗，重複升級，在不知不覺間就能獲得完全的自由。

有些人每年讀一百本書卻停滯不前。那是因為他們不付諸

行動，所以也不會有失敗。只有失敗了，你才能衡量自己的水平，找出自己的弱點，從而變得更聰明。如果你不實踐，你就會陷入自己的世界觀中，自我意識只會越來越強。 最終，你很可能會因為你的防禦機制而作出愚蠢的決定，一事無成。 如果你在執行任務時沒經歷過失敗，那麼你在控制難度方面失敗了。如果你不曾失敗過，就會過著停滯不前的生活，只做簡單的事。雖然停滯不前，你一樣感到幸福，那是僥倖。不過你最終會因為缺乏自由，很難獲得終極的幸福。

雖說天下沒有白吃的午餐

　　本書沒有說明「首爾大學學生創立獨角獸企業的方法」與「賺進數千億韓圜的方法」，只介紹了普通人獲得金錢、時間與心靈自由的方法。因此，它不適合想要改變世界的創新企業家與想累積更多財富的有錢人。我無意要你拚死拚活存錢。

　　每個人的價值觀都不同，我認為「享受人生，過得幸福的人是贏家」，我不希望犧牲現在，展望未來，我想要表達的重點是「邊玩邊休息，過著有效率的生活吧」。實際上，在我實現財務自由的十幾年之前，我活得並不認真。每天睡超過八小時是家常便飯，週末絕對在休息，也和他人有互動。我絕對不勉強自己工作。不過在我遵守原則的同時，我也努力遵循逆行人生者的七階段模型，如下所述：

◉每天花兩小時閱讀或寫作，剩下的時間休息。這是大腦升級的最佳方法。

◉每天留「五分鐘思考」的時間，每天空白的時間成為複利，就能累積好的決定。

◉用力去玩，還有一定要睡滿七小時以上。玩樂是人類幸福與健康的必備條件，也是創意的源泉。

◉如果不愛讀書，至少一個禮拜讀一天，一次三十分鐘。如此未來將產生戲劇性的差異，如同蝴蝶效應般。

有些人拚死努力卻永遠得不到自由，如果仔細觀察他們，會發現他們只沉迷在七階段的特定階段，或跳過某些階段。

◉ **第一階段**，自我意識解體：雖然努力地生活，但是受到自我意識的支配，對「賺錢的方法」本身有著嚴重的牴觸感。

◉ **第二階段**，塑造認同感：被「我的極限到此為止」的認同感所埋沒，終生被金錢和時間所束縛。

◉ **第三階段**，克服遺傳基因錯誤啟動：被遺傳基因和本性所左右，犯下感情上的判斷錯誤。錯誤的判斷不斷積累，越來越窮。

◉ **第四階段**，大腦自動化：大腦發展停滯，無法處理新資訊。因為學習有困難，以致於落後於他人。

◉ **第五階段**，逆行人生者的知識：重複進行虧損的遊戲，而不是機率遊戲，不斷作出愚蠢的決定。

◉ **第六階段，獲得財務自由的具體途徑：**到第五階段為止做得很好，但是因為不知道獲得財務自由的具體知識和途徑而感到迷惘。

◉ **第七階段，逆行人生者的轉輪：**已經掌握了所有知識，卻不明白人生如果像薛西弗斯（Sisyphus）一樣，什麼都不做，只是讀書，光懂得自我安慰，將會導致自我意識增強，變成冥頑不靈的老頑固。

　　拚命閱讀房地產書籍的行為是無視前四個階段，直接執行了第五階段。如果沒有實現第四階段的大腦自動化，就沒有足夠的能力解釋資訊，不管你看多少勵志書籍或影片，都不會有進展；如果自我意識不解體，就算提供再好的知識，所有的資訊都會被你拋到腦後。也就是說，按順序進行逆行人生者七階段是重中之重。

　　我相信世界上一定存在「攻略」，我們只需按順率行動就行了。我能肯定地說，本書不能告訴你「成為億萬富翁」的方法，但一定能給你獲得自由的提示。你準備好邊玩邊獲得自由了嗎？讓我們開始吧。

「生而貧窮不是你的錯，但死仍貧窮
是你的錯。」

──比爾．蓋茲（Billy Gate）

Chapter 1

我是如何達成
財務自由的

「依循逆行人生者的七階段模型，能讓你的人生徹底自由。」當你聽到這句話時，是什麼心情？潛意識裡會立刻出現防禦機制，例如，「少說廢話」、「我行嗎？」、「那不過是特例」等。當我在 10 幾歲、20 幾歲時也經常那麼想，所以很清楚你的心情。

但如果不卸下防禦機制，絕對不會有改變。在那種狀態下，無論你看什麼書，都會覺得那本書在「胡說八道」或覺得「我做不到」等。

為了超越潛意識，該採取什麼策略呢？聽聽五十個和你一樣處境的人，徹底獲得自由的故事就行了。人類擁有鏡像神經元（mirror neuron），在讀別人的故事時，會把自己投射其中，隨著故事情節，一起感受主角的喜怒哀樂，被戲劇性發展所吸引，就像看了漫畫的孩子會模仿主角的動作並高喊台詞一樣。

在本章中，我將描述我如何獲得財務自由，希望能用這個小故事稍微改變你的潛意識。從第二章開始將會正式進入逆行人生者的七階段模型。希望大家放輕鬆閱讀接下來的故事。

第一幕
<u>曾以為這輩子都無法跨過的三道牆</u>

「明振，你腦袋有問題嗎？怎麼這麼不會讀書？我隨便都能考到班上前十名。我十五個科目裡面考得最差的是七十分，但

是你考得最好的是六十九分，怎麼回事？看來你真的不是讀書的料。」

16 歲。我考了班上第三十五名。排名在我之後的是根本不讀書的同學。熬夜抱佛腳的我居然幾乎是吊車尾……我無法理解。在學校這個世界裡，我是個劣等生。這種事一再重演，令我感到挫敗，覺得「自己做什麼都不行」。同學經常取笑我：「你到底擅長什麼？」

那時發生了一件雪上加霜，讓我更傷心的事。我暗戀的女生 K，票選我為「班上最討厭的男生」第一名。學生時期，坐在我隔壁座的女同學常常會哭。這種事對我是家常便飯，但拿下「最討厭的男生」第一名，仍使我深受打擊。

我不只是不會讀書，還長得難看又沒錢。我家住在安山最落魄的一區，是親戚出於同情之下讓我們借住的公寓。公寓不同於大樓，除非打開暖氣，否則公寓的地板非常冰冷，幾乎會凍傷人，我家就是那樣的。我無法想像在家不穿襪子會怎樣，睡覺時，我必須穿好幾件衣服和襪子，甚至要穿夾克。比起穿很多衣服的不適感，躺著時冷到嘴吐白煙的感覺更加難受。另外，因為沒熱水，一個月都洗不了澡，我在學校被取了「阿臭」的綽號。還有，母親哭著向討債親戚求情的場景更是司空見慣。

我埋怨上帝。爸媽長得還不錯，哥哥在談戀愛，只有我是醜八怪，我是撿來的孩子嗎？母親經常開玩笑說我是從橋下撿來的，家人聽到那句話都笑了，只有我笑不出來。我認為除了撿來的，沒有其他原因可以解釋我不好看的長相。如果真的有神，絕不可能發生這種事。每當我在破舊的洗手間裡照鏡子時，我都沒有信心能繼續活下去。國中時，每晚睡前我總會祈禱，

「上帝，如果你真的可憐我，明天請改變我的長相吧……」

這世界似乎太不合理了。功課、外貌、金錢，這些都像不可逾越的高牆。我究竟為什麼這麼「不平凡」？對我來說，最高的牆是大我 4 歲的表姐。我很羨慕表姐，表姐的父母親是校長和教務主任，家住江南區蠶室的表姐家境富裕，逢年過節就吃牛肉。而且她長得漂亮不說，更以優異的成績考進教育大學、當上小學老師，可說是最佳媳婦人選。當時教育大學是那些嘲笑我成績，班上前十名的同學都考不進去的。在我就讀的國中，只有全校第一名或第二名，才有希望考上教育大學。我人生圍繞著三道高牆，而表姐在高牆之上。

我 19 歲前都在打遊戲，逃避現實，如果睡到一半醒來，我會繼續打遊戲打到睡著。19 歲時準備大學入學考試，讀了一年書，但是平均等級是五點五級[1]，努力了一年的分數還不如沒讀書的朋友。我進入了地方大學資工系夜間部，資工系太難讀了，我很快就放棄了學業。母親看不下去，催促說：「你活得像個正常人吧，不要像垃圾一樣每天待在家裡，出去打工也好。」我嘴上說知道，但心想有哪家公司願意接受我這種繭居族呢？沒信心的我向超商和烤肉店投了十家履歷左右，還真的沒有一家錄取我。

然而，母親沒有放棄，又說：「兒子，我今天去了電影院，那裡的工讀生很帥，你也很帥，去應徵一下吧。」我想每個媽媽都覺得自己兒子很帥，但在這個世界我只是一個廢物。在母

1　共九等級，第一等級屬最高，第九等級數最低。

親不斷地催促之下，我不得不硬著頭皮應徵，果不其然，沒被選上。生氣的母親打電話向電影院強烈抗議，問：「為什麼我兒子不行？他哪裡不好？」電影院經理慌了手腳，可能是覺得不能這樣下去，勉為其難地說：「那麼令郎平日上午時間方便嗎？那個時段沒有應徵者，如果那個時段可以，就請他過來吧。」我就這樣得到了第一份工作。

如果我說我完全不期待，是騙人的，但沒人會歡迎一個遊戲繭居族。我一上班就被排擠了。沒人會喜歡一個傻里傻氣、生平沒自己買過衣服的 20 歲年輕人。再加上失誤連連，四十名工讀生開始說我閒話。我搞不清楚狀況，老是忘記了被指派的事。某一天，要開冷氣，我卻開成了暖氣，引起電影院觀眾接連抗議。我忘不了經理好不容易處理好退票危機後看我時的表情。工作時，我必須要站在驗票處，但我經常被抓到坐在洗手間休息。一切都糟到不能再糟。工讀生們當然沒有找我去慶功宴，剛退伍的職員哥哥們也不把我當人看。

因為幾乎沒去上學，所以第一學期的成績幾乎全是不及格的 F。交了 400 萬韓圜（約 9 萬 3 千元台幣）學費的學校不去，卻在電影院打工，領月薪 50 萬韓圜（約 1 萬 1 千元台幣）。還有比這更蠢的人生嗎？第一學期我單戀大學同學，追了六個月卻被拒絕；第二學期追了一起打工的工讀生，果不其然也被拒絕。我沒有特別感到失望。因為我對我的人生沒有任何期待，失望是有所期待才會產生的情緒，我只想著「又被甩了」，然後繼續過日子。我認為我絕對不可能交到女朋友。

這樣的我，在 20 歲的冬天遇到了人生最大的轉折點。一起打工的工讀生姐姐不經意地說：「明振，聽說新蓋的安山中央

圖書館，真的很棒。」於是我結束打工後去了一趟圖書館，因為很少看書，我不知道該選什麼書好，有些慌張，我突然想起了我的煩惱，「有沒有改善人際關係的書？讓我也能跟女生輕鬆聊天的那類書？」然後，我在心理勵志區拿了一本關於溝通話術的書開始讀。內容很簡單，不要自顧自說話，重點要傾聽別人說話。之後，我又讀了其他幾本溝通話術的書。它們有一些重複內容，那就是要認真聽別人說話，好好給對方反饋，不要輕率地給出建議等等。

我試著把書中的內容應用到電影院工讀生身上，一開始不情不願與我對話的工讀生們，慢慢有了不同的反應。神奇的是，他們漸漸來找我聊天了，起先他們大多會傾訴煩惱，再來是詢問我的建議，後來約我一起去網咖或讓我參加聚餐，這時，是我第一次切身感受到了閱讀的力量。

小時候我真的是遊戲高手。當高手的訣竅很簡單，我和朋友玩完遊戲後，回家會偷看網站留言板上的攻略。朋友們是玩幾百次遊戲練功，我則是專心研究攻略取代了練功，偷偷讀了一兩個禮拜攻略再上場的話，我可是打遍天下無敵手，總是獲得壓倒性的勝利。只玩一百次的我打贏了玩幾百次的朋友。這都多虧了遊戲攻略。

多虧溝通話術的書，人們的態度產生變化。我想就像遊戲有攻略一樣，人生也有攻略。有人會把遊戲的攻略傳到網站上，而我認為人生的攻略就是「書」，我徹底迷上了這個想法。反正我也沒什麼好損失的。12 月，20 歲的我辭去人生第一份做了半年的電影院打工的工作。之後的兩個月，我天天到安山中央

圖書館報到，讀了約兩百本的心理勵志書和心理學書籍。當時的我閱讀理解能力很差，頭腦又不好，因此翻閱了一些國中生會讀的簡單書籍。只要讀到我喜歡的名言佳句，我就會抄在筆記本上。

我的心情十分微妙。我這輩子幾乎與書絕緣，過著無知的人生，但讀了一整天書，我就迷上了閱讀的自己，多了莫名的自信，「這些人遇到這麼難的困境，最終還是成功了。」我讀了一百多個成功的故事後，潛意識逐漸起了變化，我覺得自己無所不能。

我和我認識的國、高中兩個最聰明的朋友見面，光是分享閱讀感想，我們就能聊得忘記時間。多虧聊天技巧的提升，朋友們喜歡上和我聊天。我開始有了新的野心，「要是我重新上大學的話，就能和像他們一樣聰明的人與教授聊天吧？重返大學吧。」

這是另一場悲劇的開始。

第二幕 奇蹟的開始，一天兩小時 逆行的第一個階段

21 歲時，我燃起想重返大學的野心，但沒錢也不知道方法，於是選擇了愚昧的方式，那就是自學。我上網尋找大學入學考攻略，找到了優等生論壇，閱讀無數的應考心得，體悟到「原來要這樣做才能考上好大學啊。」就像熟讀遊戲攻略就能成為排名前面的絕頂高手一樣，我認為只要熟讀大學考試攻略，成

績必能一飛沖天。就這樣，那一年，我每天都往返安山中央圖書館。

在那裡我遇到兩位奇人。30多歲的 A，若說他是流浪漢也不奇怪。在我讀心理勵志與心理學書的時候，他大多在我對面看經濟學和股票。一頭長髮的他總穿著好像沒洗過的破衣服到圖書館，我擅自揣測他經濟有困難。然而，某一天圖書館前停了一輛進口車，我偶然看見 A 走下了那輛車。怎麼可能？當時安山幾乎是看不見進口車的。「這到底……是怎麼回事？」這才曉得 A 是一個白手起家的有錢人，聽說他年輕時就嘗試做過各種生意，屢次失敗，後來開始學習炒股與投資，最後賺進大把鈔票。當時他沉迷於哲學和經濟學，如今回想起來，我依舊覺得他是位智者。對一整年一直孤單學習的我來說，他是我唯一能聊哲學話題的朋友。

下半年，我遇見了另一位50多歲的胖叔。某一天，坐在圖書館角落的他突然斥責我：「不要吵。」我慎重道歉後，他約我去咖啡販賣機，請我喝三合一咖啡。我後來才知道，胖叔畢業於延世大學經濟系，曾是銀行行長，現在退休了，去圖書館是想考不動產經紀人營業員證照。在那一年，我和胖叔成了好友。有一次他請我去家裡作客，說：「在美國，差20多歲也能當朋友，雖然你和我差了30多歲，但我們是朋友，我看好你以後是成大事的料。」而後，胖叔在只要考六十分以上就能合格的不動產營業員考試中，以八十多分的高分通過。

這兩位奇人都是我孤獨自學一年的好朋友，他們都擁有非凡的社會成就，並總是鼓勵我「事情會變好的」。這帶給我莫大的力量。那麼我大學考得如何呢？出乎他們的意料，我平均

成績落在 4.5 等級，上不了任何大學。太丟臉了，我不好意思先聯絡 A 和胖叔。考試結束後，曾巧遇他們，我也只是打個招呼就落荒而逃。之後，我們再也沒見過面。

我再次失敗的原因是什麼？因為我一直閱讀，以致於陷入幻覺中。閱讀量與知識量的累積，讓我誤以為「我很了不起」、「我什麼都能做到」。三道牆仍然阻擋著我，現實堅不可摧。家人嘲笑我「早就知道會那樣」，哥哥說：「我很擔心你老了，會像興夫一樣[2]跟我借錢。」

我不願承認失敗，纏著母親說「我會考差是因為我自學，幫我報名首爾的重考補習班。」想當然，母親反對說：「補習班一個月補習費要 100 萬韓圜（約 2 萬 3 千元台幣），我沒那個錢。」後來過年節時，我告訴親戚我的決心，獲得了舅舅、叔叔與外婆的支持。外婆不僅願意替我付學費，還同意我住在她家，方便補習。當時我 22 歲，重考期間，每天都吃著外婆替我準備的飯菜。那是我人生中最溫暖的一年。

儘管我加入補習班時幾乎是吊車尾，但班導師非常照顧我。剛進補習班時，我的英數科目都還在 5 等級，半年後進步到 1 等級，在大學考試之前，模擬考成績優異，老師說：「你是頭一個成績進步這麼多的學生。」我集萬眾期待於一身，然而，上帝並沒有輕易地賜予我幸福。大學入學考那天，由於過於緊張，語文科目我有八題來不及寫，結果得到 4 等級。我徹底崩潰了，到現在都還想不起來那天是怎麼考完試的，如今回想，那就是我真正的實力。

2　韓國傳統童話人物，被弟弟霸佔家產後只能借米生活。

夢想很遠大。我想考進一流大學的社會科學學院，現實卻是慘不忍睹。當時我已經比同學們晚了三年，他們都升上大二，並且服完兩年的兵役。至於沒上大學的高中同學早已就業，累積四年的工作資歷。年近 23 歲的我，過著最糟糕的人生。學業、金錢與外貌，我沒能打破任何一道牆。正值大好青春的我成了一無所有的飯桶。重考生活結束後，我躲回安山家裡的房間裡，假裝讀哲學書，過去我用遊戲逃避現實，23 歲的我則用哲學書逃避，創造只屬於我的虛擬世界，自我安慰。

當時，我的憂鬱程度直逼憂鬱症患者，太想逃避現實，躲去一個沒人認識我的地方。我渴望去有稻田的地方大學，邊騎著單車，邊讀哲學書，於是我申請了三所地方國立大學的哲學系，最後我用很荒謬的理由選擇了全北大學——因為它是位於韓國中心的學校。

我 23 歲考進全北大學哲學系，成了「老」學生。由於理想與現實的差距，有時甚至會有自殺的衝動。即便如此，我還是有個實際的想法，那就是成功人士都喜歡閱讀與寫作，我下定決心，不管怎樣，每天都要閱讀與寫作兩小時，一天都不能落下。這是後來我命名為「22 戰略」習慣的開端。反之，剩下的時間，我盡情玩樂或什麼都不做。這是因為我有獨特的信念，「只要堅持閱讀和寫作，以後不管做什麼都能做得比任何人都好，無數的成功人士都證明了這一點。」如今想來，那種信念無比天真。無知就是勇，在兩年的時間裡，我每天讀兩小時的書，剩下的時間全拿去玩樂或做自己想做的事。

然而，驚人的事發生了。這種毫無根據的盲信開始發揮作

用，我讀懂和聽懂的內容變多了，不管看什麼，都能馬上掌握本質與核心，並開始制定自己的標準。到最後，我不用太費力氣讀書就能理解哲學課教的內容，教授們都非常喜歡我，我還拿過獎學金。

阻擋我人生的三道牆之一——學業，開始倒塌。雖說全北大學只是地方國立大學，但在安山或全州，必須考到全班前四名以內才能考進去。前面提到嘲笑我功課很爛的國中同學，在重考後考進全北大學工學院。我曾認為一輩子都贏不了那個朋友，如今我和他之間的差距正在逐漸縮小。

第二道出現裂痕的是「金錢之牆」。大一時，我在校內家教公告欄貼了一篇文章，結果爆紅。當時全北大學的大學生家教市場被醫學系、英語系與數學系的師範學院學生獨占。他們不需要特別做什麼，只要發文寫上自己的專業科系和「家教費50萬韓圜（約1萬1千元台幣）」。相較之下，我讀的哲學系和其他系的學生分不到家教市場的半杯羹。

但是我這麼想：

「你們讀了十二年的書才考上這裡，我只讀了兩年書就上了。我只是考砸一次大學入學考試，我並不比你們差，而且我有信心教功課差的學生教得比你們好。我讀了幾百本書，絕對比你們這些只讀教科書，缺乏課外知識的人更有智慧。」

現在想來，當時的我依舊腦子不清楚，但總之多虧那股霸氣，讓我有了信心。

於是，我決定張貼徵家教學生的文章，我寫上「吊車尾學生的專業家教」奇特標題，再寫上過去我如何拯救了我的英數

爛成績。令人驚訝的是，找我當家教的電話響不停。此後，我的大學生活，每個月能賺入 150 萬到 200 萬韓圜（約 3 萬 5 千元到 4 萬 6 千元台幣）的家教費。和電影院打工的 3 千韓圜（約 70 元台幣）時薪相比，漲了七倍之多。我忘不了第一次找到家教學生，騎單車回家的夜路。暈黃的路燈與月光彷彿在迎接我，我第一次感覺世界朝我伸出了手。

當我還是電影院工讀生時期，我吃不起 5 千韓圜（約 120 元台幣）的辛奇鍋。因為要工作兩小時才吃得起辛奇鍋，所以我常用紫菜包飯打發一餐。直到時薪調高到 2 萬韓圜（約 470 元台幣），就像做夢一樣，我每天都能買辛奇鍋。只要上幾天家教，就能賺到 2 萬韓圜的摩托車油錢與 22 萬韓圜（約 5 千 100 元台幣）的套房房租。當時的 200 萬韓圜（約 4 萬 6 千台幣）對我來說就是鉅款。那時候，如果零用錢有 50 萬韓圜（約 1 萬 2 千 200 元台幣），就會被同齡人喊有錢人。上學時我靠自己的力量賺了 200 萬韓圜，讓我充滿自信，生活逐漸變得平衡。

最後一道「外貌」的牆也起了很大的改變。當時我和國中同學知漢一起住。我們國中時不算熟。21 歲的知漢飽覽群書，我真心佩服他。我見過許多成功人士，但沒見過像他那樣的天才。偶然認識的我們成了至交，天天聊哲學與藝術。我一考上全北大學，知漢立刻從首爾的學校休學，到全州和我一起生活，後來成了我的第一個事業夥伴。他和不修邊幅的我不一樣，學生時代是班長，不但高人氣，還聰明，對文學和電影都有很深的造詣。對我來說，他不僅是個帥氣的朋友，也是我的人生導師與偶像。

某一天，我正在睡覺，忽然有被人盯著看的感覺。是知漢

在看我。我被看得起雞皮疙瘩，問：「知漢，有什麼事嗎？」
他說：「先睡吧，晚上再說。」接下來一整天，我都在擔心不
知道他會說什麼。到了晚上，我問：「你生氣我沒打掃房間嗎？」
他卻給了出乎意料的回答：「我整個晚上都在想你的事，你有
很多優點……我好像太放任你了，現在照我說的做，衣服、髮
型、眼鏡、皮膚、鞋子，全都要改造。喂，你接家教存了多少錢？
我們馬上去客舍街的佐丹奴吧。」我嚇了一跳說：「你知道佐
丹奴一件褲子要 5 萬韓圜（約 1 千 1 百元台幣）嗎？太貴了。1
萬韓圜（約 230 元台幣）的褲子就很夠穿了……」知漢非常堅持：
「廢話少說，跟我走。」

第三幕 背水一戰
「1萬9千韓圜已入帳」

　　那天知漢去購物前，發下豪言說：「如果有人問誰是哲學
系的優質男人，我會讓大家說出你的名字。」我當然不相信他
的話。因為我從小到高中都是全班最醜的醜八怪。被心儀的異
性拒絕，是習以為常的事。20 歲的時候被拒絕了兩次，上大學
後又被拒絕兩次，我想「別扯了」，但知漢非常執著，下達了
具體的方針。他說：「從現在起，為了保養皮膚，你要少吃碳
水化合物」、「不要再穿這雙鞋了，知道嗎？以後只穿我挑好
的款式」、「等等，拿掉眼鏡。拿掉。男人最好不要戴眼鏡」、
「喂，和女生說話不要怯場，也不要聊哲學。」

知漢從穿著、飲食習慣、說話方式，從頭到腳大改造了我，換句話說，過去的我真的是「集女性厭惡之大成」。自從我與他約好以後，我的生活發生了天翻地覆的變化，每當照鏡子時，我都無法相信「這是我？」在此之前，我從來不覺得有人會喜歡我。從那時起，我才開始得到很多人的心儀目光，遇到自己喜歡對象的難度變低，人氣也水漲船高。知漢的話成了現實，最後的外貌之牆開始倒塌。

　　就在我變得人模人樣時，與知漢卻冷不防地疏遠了。他騎機車時腿部受了重傷，搬回老家，突然剩我一個人。但我依然按他所教我的來過生活。隔年，我談了人生第一次戀愛，之後陸陸續續談了幾場戀愛。我和其他情場菜鳥一樣，在愛中犯過許多錯誤，也經歷過火熱的愛情與地獄般的痛苦，並與女友分手後長期飽受內疚感折磨。我經歷過宛如世界末日的痛苦，也真正體驗到愛情的苦澀。這些情緒在我日後立定工作目標時發揮了關鍵性作用。當時 2010 年，我 24 歲。

　　當初我之所以填哲學系，是期許哲學能帶給我幸福，但上了大學，我看見的哲學系教授並不幸福。他們在學校派系鬥爭或對待約聘教師的模樣，和普通人沒什麼不同。主修專業課上也不會教幸福之類的內容，我只學到哲學專業知識，像是知識論（Epistemology）、形上學（Metaphysics）、價值論（Axiology）等等。

　　對哲學失望的我回頭研究幾年前下苦功學過的心理學，也聽了心理系主修課，但是課堂上沒多少新理論，教授的教學內容只沿襲舊理論，教學品質也令人失望。我逐漸意識到大學沒有太多可學的東西。就像四年前的冬天一樣，24 歲的我又回到

圖書館，看了兩個月的書。「一個人的幸福主要原因之一就是找到好的伴侶」的信念，也在這時候誕生的。

那年冬天，我與知漢重逢。他的腳傷已經痊癒了。我們聊了許久。在分開的一年裡，我們都通過新的經驗，意識到自己的問題。

「我們互相安慰對方很聰明，但這都是空話。我們該現實點，好好賺錢。」

「其實我腿斷的時候很缺錢。隔壁病床是個流氓，因為手指被砍斷，大吵大鬧。他說自己沒錢，很不安。我們兩個都沒錢動手術。當時我心想我真的和這個流氓有不一樣嗎？受了傷，又沒有手術費，我竟然淪落到這種處境？」

我們的對話朝著同一個方向前進。我和知漢想起了電影「社群網戰」（The Social Network）。在此之前，我覺得創業是很可怕的事，至少需要幾千萬美元的資金，或者要有一個大辦公室才能開始。然而，看了那部電影，我意識到沒錢照樣能創業。當時電影裡 Facebook[3] 的創辦人不花一毛錢，在宿舍與倉庫裡創業，我們似乎也有機會。不對。除此之外，我們別無他法。這時候，知漢提出關鍵性建議：「明振，你這段時間學了很多心理學，要不要試著做分手諮詢？我們不要租辦公室，做線上諮詢吧。我會研究怎麼架網站。我們合夥吧。」

我豪爽回應說：「好啊，我學過的知識，絕對足以解決所有男女問題。那些分手的人經過我的開導，現在都過得很好。沒錯。我們就來賣這個吧！我已經厭倦接家教，每個月只賺50

3　Facebook 現已改名 Meta

萬韓圜（約 1 萬 1 千元台幣），每天還騎機車，冷得半死。趁放假，我們規劃一個月入 50 萬韓圜（約 1 萬 1 千元台幣）的案子吧。我前陣子學部落格行銷時，試寫了一篇關於韓國綜藝「無限挑戰」的文章，點擊數超過三萬次。還有，我在搜尋引擎 NAVER 的知識家上，幫人回答了很多問題，會員等級很高，說不定可以利用這個，不用另外花錢打廣告。」

　　我們決定背水一戰。我辭掉所有的家教，和知漢又變成同居室友。正如前面所說，過去兩年，我依然固定每天閱讀與寫作兩小時，接收和發現、串聯事物本質的能力都在最佳狀態。在兩個月裡，我們盡己所能地籌備創業所需。知漢學習架網站，我則是學習行銷與心理學。我對經營事業與市場行銷一無所知，因此一口氣讀了三十本書。當時還沒有「逆行人生者的七階段模型」，但我確信，在進入不熟悉的領域時，先閱讀約二十本的書有助我比其他人更快達到目標。我一邊思考兩個月後的具體創業目標，一邊閱讀，每讀一頁就會湧現出許多創意。

◉ **以前分手或有戀愛煩惱的時候，我都是怎麼處理的？對了，我在NAVER知識家搜尋過「忘記前女友的方法」關鍵字，先按照這個關鍵字操作知識家，再寫下部落格吧。和我有相同煩惱的人一定會搜尋這個關鍵詞。**

◉ **想讓從部落格或NAVER知識家循線找到我們的人，並且信任我們，我們就要表現出專業性，「專欄」特別重要。在專欄中呈現出完美的專業性就好。就讓我來發揮鍛鍊了兩年的寫作技巧吧。**

◉ **諮詢必須要有評論。就連我自己也不相信沒有評論的諮詢。**

所以我請大學時諮詢過我後，順利發展戀情的朋友留下真實的評論。

◉我難過的時候做過哪些事？我加入過提供煩惱諮詢的NAVER論壇。那麼我也要在那個論壇發專欄文章，但絕對不能暴露商業氣息，要提供讀者真正有幫助的資訊，只有這樣才能累積信任。

經過兩個月的努力與準備，我們於2011年1月開通了網站，諮詢費為5萬韓圜（約1千100元台幣）。我們以為會大賣，但衝擊的是，門可羅雀……結果我們只剩下4萬韓圜資金（約930元台幣）。知漢和我決定吃一週的麵包和牛奶撐過去。在只靠麵包和牛奶忍了三天之後，我們覺得生存受到威脅。我非常想喝租屋套房前咖啡車賣的2千韓圜（約46元台幣）的美式咖啡。我們懷抱著一線希望，更新了網站首頁，並將諮詢費降到1萬9千韓圜（約440元台幣）。我滿腦子只想著，只要有一個人申請諮詢，我們就能買麵包或飯吃了，祈求事情能順利的我就這麼睡著了。隔天早上七點，我收到一條訊息，「1萬9千韓圜已入帳」。那是我人生最喜悅的時刻之一。我還記得當時知漢說：「明振，我們去喝美式咖啡吧！」

下個月，我們將賺進3千萬韓圜（約70萬元台幣）。

第四幕 幸運的背後隱藏著
「有比這更糟的狀況嗎？」

　　2011 年 3 月，25 歲的我們事業蒸蒸日上。住在月租 22 萬韓圜（約 5 千 100 元台幣）的套房裡卻賺進 3 千萬韓圜（約 70 萬元台幣），簡直就是奇蹟。我每天都在想，這究竟是夢還是現實？被稱為天才諮商師的我過著雙重人生，晚上做著時薪 20 萬韓圜（約 4 千 600 元台幣）的工作，白天則是平凡的大學生。

　　到了大三，全州的生活逐漸變得索然無味。當我賺進大筆財富身邊的人開始逐漸疏遠我，我就是在這時候意識到人們會對成功人士抱有負面情緒。我輟學去濟州島的住商混合大樓裡住了一個月，過著邊諮詢邊旅行的數位遊牧民族（Digital nomad）的生活。表面上，我過著像電影才會出現的生活，實際上，我的生活總是備受煎熬。

　　每項事業的初創期都是最危險的。我和知漢幾乎是零資本創業。沒有辦公室，沒有職員，所以沒有支出。一開始我們以為賺進的 3 千萬韓圜（約 70 萬於台幣）都是我們的，但世界沒那麼簡單。扣除各種稅金，真的落到我們口袋的約為 650 萬韓圜（約 15 萬元台幣）。然而，被 3 千萬元收入衝昏頭的我們，各自入手了一輛好車，光是分期付款，每期要付 150 萬韓圜（約 3 萬 5 千元台幣），再扣掉 100 萬韓圜（約 2 萬 3 千元台幣）月租、100 萬韓圜孝親費、健保與國民年金等，所剩無幾。實際上能用的錢約為 100 萬韓圜，反而大學當家教月入 200 萬韓圜（約 4 萬 6 千元台幣）時，手頭更寬裕。

隨著事業發展，我們各司其職，知漢負責管理資金與會計、經營等，我則負責寫諮詢文章與進行諮詢與研究。換言之，我們一個是首席財務長（CFO），一個是首席技術長（CTO）。在接下來的三年裡，我們居家辦公，全心全意投入工作。我成為業界的傳奇人物，根據大量的諮詢個案建立理論，創造所謂的「復合心理學」。消息傳開後，人氣暴增，諮詢者需要等一兩個月。由於預約諮詢人數暴增，經常需要「限制諮詢」人數，在解開限制，允許預約的時候會湧入幾百筆預約諮詢的訊息。三年來，我每天進行五到七次的諮詢，成為了專家。

那麼我是如何進行復合諮商的呢？大家可能會好奇我做了什麼，簡單概括如下：

1、有煩惱的客戶寫下自己要諮詢的故事。

2、閱讀客戶的故事，從心理學角度分析兩人的情況。

3、掌握客戶戀愛對象的心理，具體提出客戶應該向對方採取什麼行動，目標是透過一封訊息讓他們能藕斷絲連，或是創造提高復合的機率的情況。如果復合機率低於30%，則建議退款。

4、在大多數情況下，只能發一封訊息。要用一句話動搖對方的情緒，或者發出一個讓對方受到衝擊，甚至會做惡夢的訊息。

5、假如客戶發出訊息，對方可能會回訊息或是回心轉意。在這種情況下，我會詳細告訴客戶下一步行動，並一併說明對方的心理變化。

這時候的我已聽過無數的案例，不知不覺成了人類心理分析與模擬的專家。每天要看五到六個長度約五到十頁的諮詢故事，約思考三十分鐘，就必須產出一個有創意的解決方案。這是一項需要不斷洞察人心的工作，所以我連睡前躺著都在研究具有創意的解決方案。多虧如此，我解決問題的能力大幅成長。我意識到世界上思考後就能解決的問題，遠多過於解決不了的問題。這個認知與活用頭腦的能力，再次成為我日後其他創業項目的重要資產。

　　儘管我的專業功力日就月將，但事業卻原地踏步了三年，我們累積了對彼此的不滿。知漢認為我不懂經營的困難，而我也有我的不滿，「創業初期能月入 3 千萬韓圜，三年後業績怎麼沒進步？再說了，我是唯一一個與客戶打交道的人，為什麼我只能拿 650 萬韓圜（約 15 萬元台幣）？公司結構與行銷方式與創業初期一模一樣，沒有發展，不是嗎？這算哪門子的經營？」

　　我們表面上看起來關係很好，但對彼此的不滿逐漸加深。我希望事業能越做越大，但知漢是保守派。而且，我只有參與過創業初期的經營，喪失了主導權。重要的是我們都還沒服兵役。我和知漢不穩定的關係之間出現了第三者，關係開始破裂。

第五幕 人的器皿
人的財富與其格局相當

我們總是望著眼前的目標去過活，認為只要實現它，就能解決一切問題，其實不然。最開始我希望至少有一個人諮詢預約，就可以飽餐一頓，那時候反而幸福。當一個問題被解決後，就像遊戲的任務會逐一出現一樣，會出現另一個更大的問題。簡言之，開始了無止盡的驚濤駭浪。

◎知漢與我因種種誤會，分道揚鑣，而我有了新的合夥人。

◎新成立一個網站，立刻就創下了「魔性之3千萬韓圜」的銷售額。

◎2015年2月1日，29歲的我拋下所有收入，入伍了。

◎第一次放假出營，發現公司經營異狀。

◎我查出合夥人與職員聯手背叛我，在第二次放假時，收了事業。

◎由於壓力過大，罹患僵直性脊椎炎，住進軍醫院[4]，一躺就是六個月。

就這樣，我的創業初期，衰事連連，我不僅和摯友知漢分道揚鑣，最不幸的是，每當看見與我共事的人都試圖利用我時，使我無法再信任他人，當我躺在部隊宿舍時，滿腦子想帶著武

4　類似台灣的三軍總醫院。

器逃離軍營，私下處決那些叛徒。另外，因僵直性脊椎炎，在軍醫院住院的那六個月，感覺我的人生真的到了盡頭。

無比痛苦的日子不見盡頭，然而，某一天，我改變想法，「天將降於大任於斯人也，所以神才給了我這樣的苦難」，我不信教，但我決定要賦予這些苦難與痛苦意義。大難不死，必有「成長」。我想這種悲慘的遭遇是上天給予的磨練，不，應該說我決定改變了想法。「躺在醫院裡，得到了一個整天都只能看書的環境，這是上帝給我的機會，我太幸運了！」、「我每次遇到困難的時候不都是靠閱讀成長的嗎？」躺在軍醫院的這段時間將是我人生的黃金時期。」

我在高陽市軍醫院住院的六個月裡，無論拄著拐杖或坐在輪椅上，都是書不離手。過去都讀心理學與經營學相關書籍，這次我想讀得更廣，反正退伍回到社會上，一定會讀與工作有關的書，我打算藉此機會涉獵其他領域。因此，我讀了世界史、科學與文學相關的書，努力培養與過往不同方面的大腦，並正式開始學習經營。

當時我讀的其中一本書就是被譽為日本首富入門書的《富者的遺言》（富者の遺言）[5]。看完它，我瞬間明白發生在我身上的所有情況。這本書用故事去描述過去犯錯的經歷，我了解到這些經歷不僅我有，大多數的人都經歷過。

這段時間，我之所以不斷地發脾氣，是因為我把自己想得太了不起。我和知漢共事，賺入 3 千萬韓圜（約 70 萬元台幣）的純收益，只拿到 650 萬韓圜（約 15 萬元台幣）；與其他合夥

5　韓文譯名為《富者的器皿》。

人共事，又失去了所有財產，甚而關了公司。這些不是因為我運氣不好，也不是他們的問題，而是我的器皿過小，水滿了出來。仔細一想，我擅長的只有諮商，經營、會計、稅務、總務等，其他一竅不通。我只是賺了符合我器皿的錢，卻誤以為那數千萬都是我一人賺到的。年至三十，我身無分文，事業全都關門大吉。這不是任何人的錯。這就是我的實力。當我徹底承認這件事後，我不再怨恨任何人，我醒悟到我必須做點什麼。

「任何事都無法一夜致富，一個人器皿有多大，能賺到的錢就有多少。與其責怪別人，不如專注於自己的問題。」我努力讓自己往正確的方向想，讓大腦適應，並打好基礎。過去的我對小事不屑一顧，認為「那不是我這種天才諮商師該做的」，但跌到谷底之後，我發現每件事都無比珍貴，只有對小事熟能生巧，才能增加真正的基本功。新的方向如同階梯般在巨大的痛苦裡慢慢出現。

當時我患有僵直性脊椎炎卻未達退伍標準。我在軍醫院躺了六個月，覺得那種狀態對軍隊，對我都沒益處。我下定決心想辦法要退伍，於是發揮寫作專長，寫了十幾頁的報告，上交軍隊長官。幾名長官明白了我不是故意裝病，是真的病情嚴重，於是在他們的幫助下，才能順利退伍。2016 年 1 月，我 30 歲。

退伍回到社會後，我的首要課題是改善身體狀況。我在軍醫院修養期間，潛心研究過我的初期脊椎炎，本懷抱希望靠復健能恢復正常，但連走路都有困難，更別說跑了，連普通的復健治療都有問題。我必須制定讓自己保持平衡的方法。要對付疼痛的關節，首先要增肌。游泳是不造成關節負擔又能強化肌肉的方法。游泳、風濕性治療藥物、消炎藥三管齊下，就有痊

癒的希望。雖然無法做太激烈的運動，但經過六個月拚命的努力，日常生活總算得以恢復正常，手腕的疼痛也消失了，我慢慢能打鍵盤了。我邊接受治療邊學習，逐漸找到切合現實的答案。在軍醫院每天閱讀與寫作，不僅幫助我順利退伍，也對復健有很大的幫助。我越來越著迷於知識與思想的力量。

終曲 從金錢、時間與精神中獲得完美的自由

　　如果有人一路關注我的人生，他會怎麼評價我？一個出生在貧窮家庭，又笨又難看的年輕人的悲劇人生？也許會是這樣的評價吧。而我從這樣的起跑線，一步步地前進，越過一個個障礙物，獲得新技能，陷入巨大的痛苦時不會顧影自憐，而是想盡辦法將它視為使我成長的養分。因為我一無所有，所以我能做的只有閱讀與寫作。但一路以來我遇見的人的故事與戰鬥，給了我巨大的勇氣與智慧。這就是我花篇幅分享自己故事的原因。

　　拖著病體，身無分文的 30 歲無業游民，經過各種鬥爭後，我擁有了經驗值與技能，現在無論遇到什麼問題，我都有信心找出最佳攻略，面對神的考驗，我沒有氣餒，反而踩著磨練爬得更高，成為逆行人生者。只要反覆琢磨，無論多大的考驗都必能找出攻略，而且經歷痛苦的時間越久，器皿就越大。退伍六個月，身體差不多要好起來的時候，我已經做好成為「自青」的準備。

後來怎樣了？從這裡開始，很多人都知道後續發展。31歲，我每天什麼都不做，每個月也有5千萬韓圜（約117萬台幣）被動收入。恢復了健康，開始享受各種運動；32歲，我成立了Isanghan行銷公司；33歲，每個月純利潤突破8千萬韓圜（約187萬台幣），開始用「自青」暱稱經營Youtube，並在六個月內吸引十六萬訂閱人數，正式開始退休生活。大部分時間我旅居海外，參加夢寐以求的體育賽事，持續累積獎杯。

34歲，綜效（synergy）發揮加乘效果，帶來難以想像的獲利，隨著事業擴大，我的公司大規模招聘職員；35歲，與我共事的員工達到一百三十多名員工，其中包括正職員工與約聘員工。我名下有數家公司，包括Isanghan行銷、Atrasan、Pudufu等，六項主要事業與四家股份投資事業的被動盈利。因此，我擁有的數十億資產的投資效益高達20％。之後，我又創辦了實體公司，像是慾望書吧、威士忌酒吧infinj、清潭洞餐廳 W Labo等，超越財務自由，專注自我實現。並且，作為企業家正在向下一階段發起挑戰。

跟改變我人生的同夥人知韓發生糾紛後怎麼樣了呢？知韓透過部落格得知我寫書的消息後，時隔八年再次聯絡了我。這八年來，我很惦記知韓，一直認為他是我人生中最大的恩人，期待著再次見面。通話後，我們重新交好，每天保持聯絡。最近，知韓因為電視節目事業大獲成功，提供了我很多幫助。我們也變成一起共享攀岩興趣的人生夥伴。

現在的我不受任何約束，過去困擾我的學業、金錢與外貌三道牆都不存在了。人們常問我快樂嗎？我總會回答「我現在這種情況不快樂，不是很奇怪嗎？我真的很快樂，想長生不

老。」

　　這就是我如何實現財務自由的故事。為什麼要從我的過去開始這本書？老實說，我希望能讓你的潛意識產生裂痕。從前，我的潛意識向我耳語：「你是一個劣等人類，外貌、學業和金錢都在平均之下。」如前所述，小時候的我強烈相信「我永遠賺不到200萬韓圜（約4萬6千元台幣）以上，一輩子要拿150萬韓圜（約3萬5千元台幣）的工廠工資，住在套房裡當遊戲宅。然而，長大之後，我開始讀過去不碰的書，信念逐漸被打破。我讀著白手起家的人的故事，產生共鳴，認同他們，逐漸有了「我也有可能和他們一樣吧？像我這種條件的人也能成功吧？一定有辦法的吧」的念頭。潛意識出現裂痕。

　　如果我不分享我的過去，也許你會像過去的我一樣，闔上書，認為這本書說的是「另一個世界的故事」或「是富二代或天才的故事」。雖然我的故事無法完全改變你的人生，但希望至少要讓你的潛意識產生裂痕。另外，即使你沒讀完這本書，我也希望你要牢記「潛意識裂痕」的概念。

　　好了，現在開始正式進入逆行人生者的七階段模型吧。是時候出發去獲得自由了。

「如果上帝有想毀掉的人，上帝會先吹捧說他是個會成功的人。」

——西里爾 · 康諾利《有可能的敵人》
（Cyril Connolly）

Chapter 2

逆行人生者的第一階段

自我意識解體

「那個有名的企業家應該是富二代。什麼？是平凡家庭的孩子？那他肯定是靠詐欺手段才爬上現在的地位。」

「我遇到的男人都是垃圾。男人不可信。」

「很多人不看書也能致富，所以我幹嘛看。畢竟還有YouTube能看，有必要看書這麼麻煩嗎？」

「那些說自己透過房地產賺錢的人都是投機分子。賺錢要腳踏實地。」

「上了在首爾的大學？不是首爾大學、高麗大學或延世大學就沒有意義。就算是首爾大學畢業生也有很多無知的傢伙。」

這是在網路留言中經常能看到的內容。我敢斷言，說這些話的人中，沒有人能獲得人生的自由。雖然上面的例子比較極端，但是大部分人因為自我意識而錯過了無數機會。為了避免自我受到傷害，我們會錯過重要的學習機會。即使接觸到一生中最好的資訊，也會因為自我意識的防禦而回避，最終過著順理人生者的人生。

自我意識的解體也是逆行人生者七階段模型中最重要的概念。如果解決不了這個問題，無論你獲取多有價值的資訊，你也會自我合理化地說「我做不到」、「這是有陰謀的」、「這完全是胡說八道，不是我不懂這個道理」。最終，你徹底阻礙了成長的可能性。這就是為什麼大多數人無法獲得完全的人生自由。我也想快點進入正題，告訴你：「致富的方法就是這樣」，「照這樣做就行了」。但是你的防禦機制會擊退我要傳達的所有資訊。除非你解構自我意識，否則不會取得任何進展。大多數聰明的人從某個年齡開始就只會「責備他人」，永遠無法進

步的原因就在於此。

獲取新資訊只需要十分鐘就夠了。然而，即使是成功的朋友給了你資訊，你也會想「不要自以為是」，把對方的話當作耳邊風。自我意識讓你對比自己出色的人感到不滿，並排斥他的資訊。即使推薦財富自由的書，你也會用「不管我讀多少書，命中注定不會成功的人做什麼都不會成功」的藉口推開那本書。其實，問題可能是你的閱讀理解能力不足，頭腦不夠靈光。你需要承認這一點，並思考如何增進自己的閱讀理解能力，然而，你的自我意識不願承認「自己很蠢」而傾向透過合理化來迴避。

你問我怎麼這麼清楚？因為我曾經是那樣的。每天只需要投資三十分鐘閱讀就夠了。一本書就可以徹底改變人生。然而，人們擔心自我意識受損，找各種藉口不閱讀。

即使把能賺到錢的實際方法擺到你面前，你也會故作姿態地說「不用告訴我也沒關係，我認為有事情比金錢更有價值。」那些比誰都想賺錢，被錢奪去了人生自由，有時因為金錢而做出卑鄙行徑的人最常說出這種話。然而，自我意識不允許他們承認自己有這種矛盾的思維。

大多數的人都是受自我意識線所束縛的傀儡，唯有剪斷那條線，我們才能朝向自由前進。自我意識雖是人類必需的心理機制，同時也會在每個路口妨礙人們前往自由。在本章中介紹的逆行人生者的七階段模型的第一階段，就是自我意識的解體。

讓我們想像一下以下的情況。「智秀」是由天才科學家製造出來的人形機器人，外貌與真正的人類難以區分，具有思考能力，也懂得自我反省，在經歷苦難和逆境時，會發揮智慧去解決問題，從而感受成就感和幸福感。智秀當然認為自己是特

別的存在，深信自己就是人類。不過有一天，它目睹了震驚的場面。它看到了許多長得和自己一模一樣的機器人，和研發者的電腦。電腦上寫著這樣的計畫。

1、所有的機器人都設計成擁有智力。

2、所有的機器人都設計成遇到問題會感到痛苦，若解決了問題會感到快樂。

3、設計成將上述記憶積累起來，逐漸擁有自我的機器人。

智秀看到設計計畫後十分震驚。但隨著時間的流逝，心情逐漸平靜下來，「沒錯，我不像躺在那裡的其他機器人。我很清楚創造者的意圖。我是以經驗為基礎不斷進化的『獨立人格』。」然而，還有智秀沒有看到的其他計畫。

4、如果機器人發現了自己的真實身份，會覺得「我更特別」，以免自我崩潰。

人類也和智秀相差無幾。我們遭受基因制定的本能和環境的支配。同時，為了不被等級制度所動搖，我們內建了自我保護的自我意識。沒人能擺脫這些原始設定。神給人類無數的「一生一世的機會」，不過所有的機會都因自我意識的妨礙，化為烏有。我們會不斷自我安慰說；「沒錢一樣很幸福」，卻還是會擔心如何賺錢，罵老闆給的薪水不符合自己的工作能力。每

天買飯的時候，都看著價目表擔心。承認吧！只有這樣，以後才會有發展。

讓我們來看一下自我意識的真實事例。我的事業主要與心理諮詢、電子書出版與市場行銷有關。我的公司以「復合諮商」項目，首次創業，連續十年在韓國該領域排名第一。由於主要客群是女性，所以接下來我會站在女性的立場上解說。實際上，在進行戀愛諮詢時，最讓我感到遺憾的就是那些自我意識強的人。他們太愛自己了，不想受到任何傷害。想得到異性的愛卻又因為害怕受傷，逃避認識異性。想得到愛也是因為自我意識造成的，卻因過分的自我意識，喪失了相愛的機會。

諷刺的是，這些人通常遇到的男人，會比他們想尋找的男人更差勁。為什麼呢？因為他們抱持著拒人於千里之外的態度。想被愛，又怕陷入錯誤的關係，一直把對方推開，以致遠離正常的男人，到最後，用非常的手段來追求自己的都是性格有缺陷、沒有魅力的男人，還有心懷不軌的花花公子。女性透過自我合理化，開始與某位男性談戀愛，但由於自我意識太強，戀愛往往不順。水準低的男人，只要自己的慾望得到滿足就會提出分手。惡性循環就這麼形成了。該位被分手的女性認為「果然男人全都是渣男」，再也無法對任何人敞開心扉。這個道理也適用於男性身上，只要將立場對調即可。

她們為什麼戀愛失敗？理由很簡單。因為戀愛經驗不夠豐富。經驗不足，心中充滿幻想和自己的規則。所謂戀愛，是承認對方真實的模樣，互相關懷與交換資源。然而，過分重視「自己」的人不善於理解或接受對方的感受。就像不弄濕衣角就玩不了水一樣，在自我完全不受傷的情況下，是不可能建立良好

的戀愛關係，然而，對於這些人來說，不讓自己受傷是全世界最重要的事。她們缺乏看男人的眼光，不懂男人的心理，老和壞男人糾纏不清，在愛裡迷失方向，莫名地患得患失，最後只好申請復合諮商。

　　她們在諮詢時也表現出類似的樣子，個個都裝出瀟灑，不再留戀舊情人的樣子。僅是想和提出分手的對象復合，進行復合諮商的本身，就可能已經傷害了她們的自我意識。因此，我們進行的諮商內容也都大同小異。她們都認為自己沒錯，都說對方是個混帳。當然對方有可能真的是混帳。不過，大多的戀愛關係破碎建立在雙方的過失。過度的自我意識成了導火線。這也是她們來尋求諮詢的原因。「我不想再見到那個人，我來是因為想報仇。那個人是渣男。」事實上，她們比任何人都想再見到對方，但如果承認這一點，自我意識就會受到傷害，所以她們會說「我是想報仇」。於是，我回答：「您的意思是您只要報仇，但再也不能交往也無所謂，對吧？那我會幫您辦到的」對方聽我這麼說，會很慌張開始東扯西扯，然後說：「徹底結束關係好像不太好，如果對方有復合的意願，我也願意考慮。」

　　在我諮詢過的一個真實案例中，有一位女性由於自我意識過強，30歲前屢屢錯過談戀愛的機會。即使她和一個願意為她付出一切的男人談戀愛，也因為戀愛經驗生疏，導致關係破局。每當她看到「精通戀愛之道」一類的文章時，會認為「那種文章是給可憐的女人看的」，而不汲取知識。明知自己搞砸了一段關係，照樣矢口否認，把錯推到「別人」身上，宣稱自己對男人有心理創傷，不打算開始下一段戀情。其實，她潛意識中比任何人都渴望遇到好男人，但卻一再逃避。

大多數人對錢的態度也如同上述例子。明明渴望有錢，卻說：「錢也不一定重要」，看到自己微薄的薪資，便開始怪社會錯了，將錯歸咎於他人。理財資訊擺在眼前，卻逃避學習。認為不斷地逃避「這是膚淺的人才會看的東西。」因為自我意識過強，錯過了所有機會。

自我意識毀掉人類的原因

　　人類一開始的自我意識從何而來呢？自我意識是一種進化的產物，透過各種情緒和知識的結合，以應對各種情況與生存。單純的生物沒有自我意識，就像冷氣或電視裡的晶片一樣，只是重複簡單的動作。然而，我們使用的筆電和更複雜的超級電腦等，需要更複雜的操作系統才能運行。這是為了分配資源到各處，連接輸入與輸出設備與運行程式。自我意識就是一種高級的操作系統，為了適應與應對外部環境而產生，但是當自我意識過剩，就等同於操作系統失控，系統將無法如常運行，還會時不時曲解外部信號，導致錯誤的判斷和想法。

　　我們為什麼如此難接受真相？諸多研究給出了五花八門的答案，不過方向大致相似。它們都認為那是因為人類的大腦與身體一樣，希望盡可能保持穩定的狀態，遇到緊急問題時能不用思考，立即反應 （人類祖先在原始時代，遇到猛獸撲來時深思熟慮的基因推測已經消失），對無關緊要的問題則是粗略處理，盡可能讓大腦用最少的能量去處理最多的事情（不過，這

仍須耗費整個身體能量的 20％）。人之所以不會太斤斤計較，能適當地自欺欺人，都是多虧了性價比極高的操作系統，能過一天算一天，從而得以生存。在這個過程中，我們心中留下了一個極其巨大的自我。

假設你剛才犯了一個很大的錯誤，比如說，你一不小心把存了一年的股票賣掉了，而且是賠本賣。我們都很清楚接下來通常會發生什麼，那就是賣掉的瞬間，股價立即飆升。大腦為了不讓自我變得混亂，並避免你因為這個無解的問題懊惱到想自殺，會幫你尋找各種理由，合理化賣股票的行為，好比「沒關係，股票很快就會跌回來，用剩下的銀彈找找下一支會暴漲的股票吧。」然而，當你看見成交價的紅色上漲圖表，剛才的自我合理化無法解決認知不協調，於是你決定尋找替罪羔羊，「全都怪剛才在股票討論室散佈謠言的那傢伙，我要不要把他散布假線報的訊息截下來，向金融監督院舉報？」你的胃痛隨著胡思亂想得到緩解，荷爾蒙指數和血壓也逐漸恢復正常。

即使朋友橫刀奪愛，搶走你單戀的女人；即使你把全部財產投資虛擬貨幣卻賠得精光，照樣會自覺地照顧好自己，讓你一個月如常飲食的，就是你的自我意識。自我意識會療癒傷口，適當創造故事情節，讓你覺得你的行為是前後一致的，是有價值的存在。在原始時代，自我意識是一種重要的軟體，能創造個體的獨特性，讓人看起來有魅力，妥善經營無數的人際關係。

在感情咨詢中，那些戀愛老是失敗，只遇到差勁的異性的人常常說一句話：「我到目前為止交往過的人都是垃圾。」這句話暗示著「問題出在對方身上，我沒有問題」。說這種話的人總是無條件地責怪對方，把過去那段戀愛視為最糟糕的。相反，善於戀愛的女性絕不會責怪別人，她們會說：「是我沒有

看人的眼光」、「我做錯了才讓對方那樣做」，並反省自己以避免不重蹈覆轍。責怪他人只不過是一種為了保護自我意識的權宜之計。事實上，女性只要坦率地承認「自己戀愛經驗不多，被差勁的男人捉住把柄」就行。舉例如下：

◉ 我的戀愛經驗少，先假設這不是因為男人的眼睛有問題，而是我自己的問題吧。是我的外表出了問題？那我應該要尋找有魅力的女性的共同點，盡可能模仿她們。堅持自己的風格是有問題的，也許我執意尋找一個「喜歡我原本模樣的人」不過是貪圖安逸而已。

◉ 我的前男友們為什麼都是奇葩？不是都說物以類聚嗎？也許是因為我也是個奇葩，自大地認為學習戀愛知識很幼稚。首先，我要透過文章來學習戀愛知識，有學總比沒學好吧？對學習戀愛技巧感到羞愧，反而才是問題。

◉ 為什麼我交往過的男人會劈腿？雖然劈腿的男人不少，但這世上一定有忠誠與善良的好男人。如果這個男人劈腿了，說不定問題在我。讓我想想這一部分。如果問題出在那個男人身上，那麼就想想，要怎麼樣才能避免再遇到那種人。先承認自己有不足之處，改善就行了。

　　大多數的人都會認為上面寫的內容是「理所當然的」，但實際上，要像上面坦率承認並不容易。我敢肯定地說，「實際」進行這種思考的人只有 1%。因為我們的心被設計成對於傷害「自我」的東西，會產生極度敏感的反應。

實際上，復合諮商就是過程，用來幫助了解隱藏在過度自我意識下的真實欲望。然而，僅僅幫助自我客觀化就足以消除許多複雜的情緒。自我意識解體帶來的結果是「自由」。

實際案例 1

智英是一名 20 歲中段的女性，畢業於設計系，對設計充滿自信，在許多創業大賽中獲獎。遺憾的是，她的事業並不順利。她有一種奇怪的自我意識作祟，所以數年來公司沒盈利，一直在原地踏步。有一天，我遇見她，並囑咐她「消除自我意識」。

「賺了錢再追求藝術也不遲。妳現在想做的是事業，而不是創作藝術。放棄對設計的愚昧自尊。我知道妳想做什麼，但先做一些有助於人的事。不要做那些華而不實的事，那只是自我保護而已。不要怕在同系同學面前丟臉。妳必須先獲得經濟餘裕，在實現財務自由後再從事藝術也不遲。舉例來說，設計的人會因為奇怪的自我意識而瞧不起某些工作，會覺得「商標那種東西……」，但這就是妳的機會。妳試著發展設計商標的業務吧。放下妳無謂的自我意識。」

她起先非常震驚，不願意承認我所說的，但最終成功地消除了自我意識，短時間內創造出了每個月 3 千萬韓圜以上（約 70 萬元台幣）淨利的事業。現在她和公司超過十五名的職員一起走在成功的路上。」

實際案例 2

教元是 33 歲的女性，智慧是 26 歲的女性。教元在女性企

業家聚會上認識了智慧。聚會上的人年紀都很大，兩人的年紀偏年輕，一下子就變熟了。隨著彼此變得更親近，開始知道對方在做什麼。智慧年紀較小，不過一參加聚會後，她的收入有驚人的成長，開始每月賺入 3 千萬韓圜（約 70 萬元台幣）。其實，教元也很厲害，月收入有 1 千 500 萬韓圜（約 35 萬元台幣），但她看到年紀比自己小的智慧事業蒸蒸日上，覺得生氣。剛開始，教元認為智慧性格善良，但越來越覺得她接近自己是別有用心，甚至懷疑智慧是不是在做不道德的事，或是誇大了自己的收入。

聚會自然而然地解散，一年過去了。教元無法停止對智慧的嫉妒和懷疑而感到混亂，向我吐露了這個問題，我談起了自我意識的解體。教元是個明智的人，一點就通，自己想了很多，承認了自己的愚蠢，並發了一封很長的簡訊，向年紀比自己小的智慧致歉，坦承自己一直以來嫉妒智慧，其實有很多事應該向智慧學習，希望能見一面。

兩人關係變得怎麼樣了呢？原本就要好的兩人，現在成為了真正的好姐妹。教元的自我意識解體後，她清楚地看見了自己遇到的所有問題，並一一解決，同時學習智慧的優點。現在，她已成為每月賺 6 千萬韓圜（約 140 萬元台幣）的企業家。在這裡的重點，並非「賺了多少」，而是唯有消除自我意識，心理上才能穩定，才能把一再反覆的失敗轉化為成功。承認自己很愚蠢吧；承認自己沒出息吧；承認自己不如嫉妒的對象吧。下一步是進步。如果你用自我意識避免自我受傷的話，絕對是無法前進的。

提問 你最近有沒有親自看過或看到比你更出色的人的影

片？你是否曾經感到不舒服或對對方產生不好的感覺？讓我們回想一下，是否因為自我意識的防禦而產生了這種感覺。如果你能解構自我意識，也許反而能抑制住那種不舒服的情緒，繼續觀看影片，試圖學習。如果你是在現實中認識了某人，也許你會提出問題，以向對方多學一點東西。請自己反省一下。

我如此彌足珍貴

請閱讀下面的句子。

「比爾·蓋茲（Bill Gates）？他只是運氣好，寫了一個程式，就成為了億萬富翁。」

「事實上，製造 iPhone 的並不是史蒂夫·賈伯斯（Steven Jobs）。他只是搭了真正的天才沃茲尼克（Stephen Wozniak）的順風車。」

「我不懂為什麼大家都讚美華倫·巴菲特（Warren Buffett）是聰明人。他不就是炒股賺錢的人嗎？只是個吸散戶血的投資者。」

這些句子是誰寫的呢？這是來自 NAVER 新聞報導下方的留言。在與錢相關的網路報導中，這樣的留言一定會被按最多讚。發表這種留言的人是「自我意識喪屍」。他們只懂得進行「自我意識防禦」，不會進行任何嘗試和挑戰。他們躺在床上留言，貶低在這個世界取得成就的人以安慰自己。就像老鼠按

下按鈕得到食物一樣，他們一旦發現有優秀的人傷害他們的自我意識，他們就會立刻抨擊對方。他們和喪屍沒什麼兩樣，無異於圍欄裡的雞。如果你對自由不感興趣，也許這樣的生活方式對你也不錯。但如果你渴望自由，你就必須擺脫自我意識喪屍的束縛。

自我意識是個狠角色，至少與人類同時存在幾十萬年的強烈本能。我們的基因和天生的本性培養出自我意識，再加上現代社會使得自我意識膨脹。為了獲得父母與別人的關心，各種SNS 社交媒體都在鼓勵本就膨脹了的自我。

當然，只要我們滿足了自我意識，就會立刻感到幸福。但是，就像不學習的炒股投機者一樣，終究會跌一跤。雖然當下可能會感到安穩，但事情會接連出錯，人們也會離開我們身邊。如此一來，不只是個性會變

得奇怪，不僅不能客觀地看待自己，也無法及時做該做的事，人生就會變得扭曲，貧困就會降臨。就像當時住在安山的我一樣；就像嫉妒智慧的教元一樣；就像在 NAVER 新聞報導下留言的酸民一樣，將錯失幸運，招致不幸。這是「小確幸」生活，也是順理人生者的生活。

很多不幸和貧窮都是因為「太愛自己」所導致。自我意識既是使人類成長的原動力，也是使人生陷入不幸和貧困的可怕東西。請環顧一下周圍，有些小時了了的人，上了好大學，飽覽群書，但奇怪的是，他們一事無成。如果你仔細觀察那些人，他們大部分都是被自我意識束縛，剛愎自用。他們無法發展天賦且退化，每當周圍的人說什麼，總是拿父母、時代、個性、興趣、健康等藉口來回答自己為什麼不適合。所有人都知道的

真正問題出在哪，他自己卻堅決忽視真正的原因。

　　我把這種自我意識僵化的人稱為「自我意識喪屍」。他們會變成自我意識僵滯的「老頑固」，只能自我安慰，把所有的資訊都拋在腦後，到頭來，他們能做的只有「怪別人」、「怪社會」和「詆毀優秀的人」。

　　大家都有這樣的疑問：「為什麼年紀大了就會變成老頑固，或者不懂得看別人臉色？」當然衰老也許是原因之一，但也有很多 30 多歲卻冥頑不靈的年輕人。有些人自己一事無成，卻只會對比自己年輕的 MZ 世代提出建議。這不是衰老與否的問題，而是因為他們大部分都已經變成了「自我意識喪屍」。

　　他們在 20 多歲到 30 多歲的時候，一直是「自我意識喪屍」，把所有資訊拋在腦後，以保護自我意識。到頭來，他們自以為是，否定這個世界，會忽略所有傷害到自我意識的資訊。然而，那些傷害會在潛意識積累。他們表面上裝得理直氣壯，但內心已經化膿，渴望得到他人認可。

　　在這種情況下，當他們看到比自己年輕的人，就會提出「建議」來展示自己比對方更優秀。由於他們平時對這個世界持否定態度，所以他們在向比自己年輕的人提出建議時會感受到優越感。他們試圖透過斥責或建議以治癒受傷的自我意識，而忘了顧及對方的情緒，我們應該解體自我意識，避免自己變成這種喪屍。

自我意識解體的三階段

如果你了解了自我意識解體的重要性，現在輪到你身體力行了。當你遇到一個讓你莫名感到不舒服的人，會機械性想起「自我意識解體」一詞，並思索這種不愉快的感覺是從何而來的，刺激了你哪方面的自卑感。這種「探索」就是自我意識解體的第一階段。

第一階段的「探索」其實沒特別之處，如果你時常對某人或對某人的發言感到不快，就要查明原因是否為「自我意識」。這種探索有驚人效果，能讓你與膨脹的自我保持一定距離，靜觀那個嫉妒、生氣或懷疑的幼稚自我，從而某種程度上能看見自己的傷痛、錯誤投射的攻擊性與扭曲的想法，而且多了接受新事物的空間。

第二階段是「承認」。「為什麼我看到那個人心情會變差？可能是我在嫉妒。嫉妒會妨礙學習，所以我必須承認我在嫉妒，且要學習對方受歡迎的地方」、「我為什麼不受歡迎呢？就是沒有魅力吧。如果我缺乏魅力，那麼增加魅力就行了」、「為什麼每次看到談錢的人，我的心情就不好，還會敵視對方？事實上，要過上好生活，錢是必要條件之一，可能是因為到目前為止，對自己的經濟能力沒有信心，才一直迴避它。我應該怎麼做才好？」

一開始可能會有些幼稚和反感，多試幾次就會覺得有趣。第一次見到某個人時卻無緣無故地心情不好，有可能是潛意識在不知不覺間發動（比如，平時想擁有卻放棄了的東西、比我更具異性魅力的人、我一直努力否定的東西），在內心深處為

了守護自我，準備做出各式各樣的反應（戰鬥、逃跑或激動）。自我意識的解體是為了避免走到這個階段，並擺脫膨脹的自我意識，獲得客觀的視角。

最後的第三階段是「轉換」。假如你透過探索和承認了解並接受了自己的情緒之後，接下來就該進行積極的思維轉換。自我意識三階段整理如下：

1、探索：仔細觀察自己的情緒變化等，確認這些情緒的由來。

2、承認：客觀地仔細觀察情緒變化的理由，和現在自己的處境比較，該承認的就老實承認。

3、轉換：透過承認消除自卑感，並將其作為改變的契機，制定行動計畫。

那麼如何實現探索、承認與轉換呢？讓我們透過舉例來看一下。

實踐 1

探索 為什麼看了這個影片，我的心情就會變得很糟糕，覺得他是個騙子呢？

承認 啊，可能是自我意識讓我想否定對方。如果他能在那個年紀就取得了那樣的成功，肯定有值得我學習的地方。當然他也許做了壞事或幹了些不為人知的事，但該學的還是先學再說。

轉換 雖然這個影片讓我不舒服，但看到最後吧。能學習的就學起來，能付諸實踐的，我就嘗試付諸實踐。這個影片在聊如何選擇智慧商店裡的商品，我認為這部分對我有用，我應該試試。

實踐 2

探索 他很受女生歡迎，大概是玩弄女人情感的渣男吧。

承認 啊，自我意識突然啟動，讓我產生自卑感，無緣無故地嫉妒他，用否定的眼光看待對他。讓我來觀察一下他受異性歡迎的魅力點是什麼？

轉換 竟然做出這種特別的舉動，那個動作好像能吸引女性。我也學會了一招。我不應該敵視他，而是應該和他交朋友。問一下他的電話號碼吧。

自我意識的解體不僅能使情緒變得健康，還能大幅提高學習能力和決策能力。我之所以先提到自我意識解體，原因很簡單。因為如果你做不到自我意識解體，那麼接下來我說的任何話都是行不通的，你會築起心靈的防護網，不可能馬上聽進我的話。對於抱起雙臂，準備嘲笑的人，我還有什麼話好說？為了接受新事物，你有必要軟化戒備心，如果你的自我意識正在變得更強，你更應該如此。

浪費人生的特別方法

　　既然談了自我意識的弊端，我再來談另一種重要的愚蠢行為。那就是「自我意識投射」。大部分人在人生不同時期會有不同的榜樣，小時候想學父母，上學時想向全校第一名或擅長運動的同學看齊。然而，隨著長大成人，這種把自己與他人畫上等號的欲望自然會被克服，隨著自我的扎根和個性的發展，我們希望和他人成為一體的幼稚欲望，必然減弱。

　　然而，仍有很多人成年後無法擺脫這種狀態，我稱之為「自我意識投射」。這與前面所說的自我意識過剩相似，都源自於「自我意識過剩和缺乏自尊心」。這些人把自己投射到別的地方，浪費人生。換言之，他們自我投射到其他客體上，迴避微不足道的現實。

　　我是一個愛好各種運動的業餘運動狂，每天都會花時間打羽毛球、網球、高爾夫、攀岩、騎自行車，衝浪等。我每天運動的時間只有一個小時左右，因為運動有利於創造力和健康，所以我將其視為一種投資並享受其中。我是我人生的主宰，透過興趣，擴展出另一個附加的自我。與此相反，自我意識的喪屍們放棄自己的人生，沉浸於附加自我，從而浪費了人生。有時，酸民們為了毀掉一個人的人生而不惜投入大量精力去調查他人資料和傳播資訊。這也是自我意識投射的極端例子。現在讓我們來看看其他自我意識投射的例子。

◉ **現實環境惡劣卻整晚玩遊戲的人，為了聽遊戲夥伴們說一句**

「哥哥，好羨慕你等級高」而不惜花幾百萬韓圜，大手筆購入遊戲道具，浪費人生。

◎ 每天在instagram上傳甜點照的大學生。「姐姐，這是哪家店？」、「你每天都吃美食，為什麼還是這麼瘦？」，為了得到這種留言，花了大把金錢和時間尋找新的網紅店。

◎ 每個週末都要去登山或騎單車，卻不花時間陪伴家人的男人。在同好會被尊稱為「會長」，非常大方，花錢如流水，但對妻子和孩子來說，他是世界上最討厭的丈夫和父親。

◎ 一個透過入口網站看新聞和論壇，假裝什麼都知道，實際上只是足不出戶的網民。為了得到人們的「按讚」，拚命發出偏激的文章，且會熬夜和其他網民展開鍵盤戰。

　　除了上述，類似例子不勝枚舉，像是：把替職業棒球隊加油當成正職的上班族、成天忙著糾正人們網路上錯誤用語的，展開口水戰的大學生、在蘋果商店門口搭帳篷，夜排買新產品的無業遊民、為了買進口車卻只能住在考試院的社會新鮮人、穿著名牌大學的系外套，囂張卻身無長物，被學歷所束縛的奴隸……這些人把自己和自己所追求的特定對象畫上等號，從經典遊戲、地區體育隊、instagram 上美化的自己、登山會會長、偶像粉絲俱樂部工作人員、進口車車主、大學畢業文憑……，問題是他們認同的存在本身幾近幻影。

　　那些人事物過一段時間後就消失無蹤，現在喊著姐姐、哥哥，貌似親近的人，也是因為特定興趣愛好才有交集，並不是真正的朋友。有多少人會和五年前因興趣愛好而認識的人，至

今還保持聯絡的？事實上，每個人都很清楚這一點。每次去登山會吃午飯時，大家都會說：「會長，你很帥。謝謝你的招待」，但只要請求他們金錢上的幫助時，那怕只是一點點，他們也會馬上變臉。凡事要有分寸，但只有當事人自己陷入角色扮演，無法走出來。

當然，適當的投入會為生活帶來活力。富二代花 300 萬韓圜（約 7 萬元台幣）購買遊戲道具，絕對不會有人說他什麼的。另外，如果是與自己的生活相關的事，投入反而是值得的。舉例來說，如玩遊戲的目標不是業餘玩家，而是成為真正的職業電競選手，為此接受有系統的訓練，那麼這就是另一回事了。從興趣開始玩，最後成為該領域的專家，並取得成功的例子不在少數。我批評的不是這個，而是透過角色扮演逃避、犧牲自己所處的現實的情況。

人們對毫無意義的東西的上癮和沉迷，極其普遍，而且種類相當多樣化，因此，很容易覺得那沒什麼。但是，你必須記住，這些行為大多在浪費時間，而這世上，時間是比金錢更寶貴的東西。暫時看似你實現了什麼，實際上那只是重複腦海中補償迴路的行為，是制約自己，把自己變成巴夫洛夫的狗的可悲行為。你過的不是依憑自身意志，抗拒命運的人類應有的生活，而是順從動物本能，順理人生者的生活。你要盡快擺脫這種處境。冷靜思考一下自己何以陷入這樣的境地，承認過去花在那上頭的時間毫無意義，還要感謝自己總算意識到了這一點。打破自我意識就是成為逆行人生者的第一步。

假使你不能消除自我意識，你就會成為小時候你討厭的「老頑固」或「無名小卒」。在進入下一章之前，你不妨闔上書，

出去散步 10 分鐘，如何？記得不要帶手機出門。「我對什麼樣的言論會有敏感反應和不悅呢？」、「這種行為是不是出於過度的自我意識？」、「這是不是不讓自我意識受傷所作出的行為呢？」請邊散步邊仔細思考這些問題吧。散步是激發好點子的最佳方法之一。

「如果你想要某種資質，那麼就假裝
你已經擁有一樣。」

——威廉・詹姆士（William James）

Chapter 3

逆行人生者的第二階段
塑造認同感

我在 20 歲之前，過著比任何人都糟糕的生活，偶然在電影院打工還遭到了排擠。此後，我的人生隨著閱讀，發生了翻天覆地的變化。某位百萬房地產 YouTuber 在 30 多歲時目睹公司前輩被解雇後覺醒了，就像大創會長朴正夫、跨國企業會長 Celltrion 徐廷珍等人一樣，在 40 多歲時因為被公司解雇而覺醒。白手起家的人有一個共同點，那就是某件事件徹底地改變了他們的人生。

　　「我母親去世的時候，留下遺言說『我希望你能成為富翁』，那時我才有所醒悟。」

　　「我生了兩個孩子，但沒有錢買奶粉，在公司受到虐待，好不容易才拿到 200 萬韓圜（約 4 萬 6 千元台幣），當時輕生的念頭很強烈，去了漢江，在那裡我下定決心，要徹底改變自己。」

　　「女朋友的朋友和媽媽非常討厭我。我很氣他們把我當成只有高中畢業的混混，也氣他們阻擾婚事。於是我當時下定決心，一定要成功。」

　　正如許多成功的人異口同聲地所說的一樣，那些決定性的事件往往會成為改變人生的契機。因此，那些將極端不幸轉變為逆轉的契機的逆行人生者，往往有著戲劇性的故事。然而，我們所有人遇到如此重大變化的機率極低。而且，就算「幸運」地遇到重大契機，也有很多人也未能將其視為機會，反而會自嘲自己是個倒楣的人。

　　大部分人沒有經歷過這種成為覺醒契機的事件。從某種角度看，這是只有運氣夠好才能遇到的事件。那麼，如果我們能人為地創造出那些白手起家的人所經歷的，足以改變認同感的

重大事件，會怎麼樣呢？如果能創造出只有 0.1% 的人經歷過的大事件，是不是就能戲劇性地改變自我認同感呢？我認為這是可能的。我將其稱為「塑造認同感」。這個認同感理論是成為逆行者的一項重要技能。

如果能格式化我的想法

讀到這裡，你現在有什麼想法？

「每個人讀了書，就能獲得財務自由，這合理嗎？」

「雖然這個作家說自己以前很自卑，但他肯定有過人之處。我沒有。」

「不，自青只是像中樂透一樣幸運。純粹是運氣好，我跟著照做，怎麼可能成功？」

「這故事就像做夢一樣。別說是每月 1 千萬韓圜（約 23 萬元台幣）了，我只要每個月有賺 500 萬韓圜（約 11 萬 6 千元台幣）就偷笑了。」

我很清楚你現在的心情。在我開始閱讀之前，我的人生就是那樣的。不，當時我甚至不相信自己能過上平凡的生活。我不是說過那時候，我最羨慕的是當老師的堂姐。每當聽到堂姊家逢年過節聚在一起吃牛肉，我就會浮現「有錢人是另一個世界的人。看看我家什麼樣子」、「只有天選之人才能考到位於

首爾的大學」、「我永遠不可能一個月賺 300 萬韓圜（約 7 萬元台幣）以上」、「最近班上同學流行考駕照？那不關我的事。我這輩子有可能買車嗎？」

我真的這麼相信著，和過去的我一樣，正在人生低潮的人肯定有著類似心情。但是，現在我對自己的認同感截然不同。因為我花了一輩子刻意改變了認同感。這起始於我 20 多歲開始閱讀。先改變認同感就容易發生變化，相反，如果你錯過改變認同感的機會，就會繼續成為順理人生者。幸運以書的形態找上我，而我不放棄牢牢抓住它。那些書在我充滿失敗主義的頭腦中，安裝新軟體的設定指南。得益於此，我終於看到了腳下的鐵軌，可以從邁向絕望的地鐵下車，並安裝了屬於我的導航系統，開始尋找人生的捷徑。這多虧了書在我腦裡安裝的新軟體。

如果你已經實現了自我意識的解體，就是建立新的自我意識的時候了。認同感是人生的動力，就像汽車要前進就需要燃料一樣，人也需要「認同感」當作燃料。當能自由自在運用認同感，就會發生驚人的事。我最近替自己設立了一個目標，「我要成為暢銷書作家，我要寫一本韓國最偉大、持續暢銷的書籍。」

到 2018 年為止，我的身分僅是個企業家。2019 年成為 Youtuber，從 2020 年開始成為作家，而且是暢銷書作家。具有常識的人聽到我的目標一定會嘲笑。實際上，我對周圍的人說：「我要寫韓國最偉大的心理勵志書」結果每個人都嘲笑我。如果有朋友說了這樣的話，我也會有同樣的想法，「這世上有多少聰明人……就算是自青你，你連一本書都沒寫過，怎麼可能

突然寫出那麼了不起的書？不過你似乎很認真思考，就先附和一下吧。」

　　當然，我不知道是否真的會如我所願，但如果因為別人那麼想，我就把自己侷限在「我永遠不可能寫出暢銷書」的狀況下，那麼別說是暢銷書，我連出版一本普通書的機率都是零。因此，我刻意樹立一個宏大的目標，並大肆宣揚。這不同於心理勵志書中常出現的「向宇宙下訂單，宇宙會回應你」、「你要以考上排名第一的首爾大學為目標，才能上延世、高麗那種名校」那樣的話。那樣的話天天聽也改變不了你。

　　每個人決心賺錢的時刻各異，雖說有些人天生喜歡賺錢，也擅長賺錢，但大多數人對賺錢不太感興趣。你感到意外嗎？不，並非如此。大家口口聲聲說想賺錢看似對錢很感興趣（或者假裝不是很感興趣），但實際上人們並不想「真的」賺錢。這是因為人們不會做出與賺錢相關的「行動」，反而更像是夢想家，描繪著賺大錢的夢想。然而，也有一些人出自某種原因，真的下定賺錢的決心。

　　韓國最有名的經濟類 Youtuber 申師任堂說過：「我家一直非常窮，某一天我覺得『我們家再繼續這樣，會撐不下去』，那一刻我清醒了。」《快速致富》（The Millionaire Fastlane）的作者 MJ・狄馬哥（MJ DeMarco）某一天遇到了乘坐藍寶基尼的年輕發明家，他原以為只有歌手或體育明星等特別的人才能賺大錢，但他發現即使是普通人，也能憑藉一個創意賺大錢後，決心改變認同感去賺錢。另外，我有一位年輕粉絲，在他28 歲時，年淨利潤就超過 30 億韓圜（約 7 千萬元台幣）。據說他小時候家徒四壁，經常被人看不起，甚至他女朋友的朋友

還對他女朋友說「不要和年紀輕輕就當無業遊民的人交往」，不斷阻止她。他非常生氣，發誓要賺大錢並且報仇，從此改變了認同感。

正如前面所說，我個人在偶然讀到了心理勵志類書籍，有了變化的契機。在此之前，我一直斷定自己是個連普通人的境地都達不到、低人一等的人（定型心態 [Fixed Mindset]），但自從我開始閱讀，我暗示自己「我是特別的人」。在閱讀數百本優秀的心理勵志類書籍的過程中，我開始強烈覺得「我也能成為真正的偉大的人」，消極的想法開始消失（成長心態 [Growth Mindset]）。這是因為我從書裡看到許多與我處境一樣的人，從惡劣環境下起步的故事。現在想起來，讀數百本的書，這方法有點傻，但對於性格近似御宅族的我來說是最可靠的方法。無論如何，以此為契機，有生以來我第一次自己更換了大腦裡的軟體。

認同感的變化會發生在挫折、自卑、生存危機、賦予動機、書籍等各種時刻。也許現在正在讀這本書的你正煩惱著：「我該如何改變認同感？」不用特別擔心，光是讀這本書你的認同感就正在發生變化。如果到現在還沒有闔上這本書，正在認真地讀著我的故事，在前面讀到我低人一等的過去，想著「曾經這樣的人透過閱讀而有所改變，我也能辦到吧？」，那麼你心裡的某些東西已有所改變。

在我讀《快速致富》之前，根本沒有「不工作也能自動產生收入」的被動收入概念。我以為錢只會在我努力工作的那一刻產生，每小時能獲得最多的收入就是我所認知的報酬。就像

靠短時間勞動能獲得高收入的醫生和律師一樣，我當時也透過復合諮商每小時賺約 22 萬韓圜（約 5 千元台幣），因此更被每小時收益的概念所束縛。然而，自從我讀了《快速致富》、《一週工作四小時》（THE 4-Hour Workweek）、《富爸爸，窮爸爸》（Rich Dad, Poor Dad）等書之後，知道了被動收入的概念。在那之後，我開始創造即使不用我在場也能盈利的事業。結果，現在我實現了財務自由，我不必進公司守在位置上，每月也能賺進數億韓圜。

那麼，改變認同感究竟意味著什麼？我們的大腦是個追求最高性價比的器官，它並非專注於所有事，而是會根據特定的認同感改變輸入和輸出的模式。最近，我一直在塑造作家與業餘運動選手的認同感。在此之前，我擁有「企業家」認同感，當時世上的一切在我眼中都是生意，去餐廳時我也不會放鬆吃飯，而是忙著計算菜單、職員數、桌數以及顧客翻桌率等；去咖啡廳就會分析那家店的業務結構和淨利。但是，最近我多了一個「作家」認同感與「業餘運動選手」認同感後，就算有人提起事業，我也提不起勁（也可能是因為我現在賺了點錢）。現在我每天看體育相關影片，打高爾夫球和網球，剩下時間就用來寫作。前年的我和現在的我，可以說一百八十度轉變。認同感是如此重要，足以徹底改變一個人的生活。

安裝認同感軟體

我和子公司負責人同時也是《惡人論》（악인론）孫秀賢（音

譯）去土耳其旅行了半個月。在旅行期間，等候飛機時、上菜之前、坐計程車的時候等等，他一有時間就看電子書。但他是屬於比誰都喜歡玩樂的享樂主義者，並不是學者或模範生類型的人，雖然玩的時候盡情玩，但是一有時間就讀書，他向我提出事業有關的點子。在土耳其，秀賢一天就看完了兩本書。看見他的模樣，我決定改變我原先大腦裡關於閱讀的軟體：

◉ 因為常聽到人們說「紙本書的翻閱感是電子書無可取代的」這樣的說法而受到了影響，堅持使用紙本書。

◉ 只有創造出一個能完全專注的閱讀情境，閱讀才有意義。

◉ 用手機讀電子書不會有什麼幫助。

◉ 一有空就看電子書反而會妨礙我的專注力（然而，我沒事就滑TikTok和instagram）。

　　受到我的想法所限制，明明用手機看電子書是四年前我建議秀賢的方式，我卻找各種藉口把自己限制在「書要在完美的環境中讀」想法裡。我看著秀賢，決心「我要改變我的軟體與認同感，變成一個讀電子書的人」。而且，我決定在旅途中，每天要用手機讀一本電子書，如果是過去的我，我會說「那不是我的風格」或「我做不到」。然而，因為我知道認同感理論，所以我安裝了一個「我是一個有空就讀電子書的人」的軟體。

　　人們經常限制自己，比方說「我的 MBTI 是 I 型，所以很內向」、「我的神經質（Neuroticism）高，所以很敏感」、「我不擅長球類運動」、「我是 A 型，所以很謹慎」。順理人生者

的特徵是把自己的認同感限制在本人的框架裡。你應該透過改變認同感，打破自己設下的框架。

我已充分說明認同感變化的重要性。但正如前面所說，如果沒有人生跌入深淵的體驗，認同感很難發生變化。即使你正讀著這本書，突然下定決心「我從明天開始要成為有錢人」，事情也不會有所改變。這就是為什麼創造能改變認同感的「環境」很重要。

2019 年 4 月左右，我覺得生活無趣，當時我的事業沒有競爭對手，也沒有向上發展的想法。Isanghan 行銷公司推動的「律師行銷」大獲成功，賺了一大筆錢；復合諮商也穩定運作著。然而，我覺得如果繼續安於現狀，我可能又被打回原形，變成平凡無奇的人。我必須找到另一種認同感。

如果是相信人類自由意志和努力的人，看到這裡，都會下定決心，「從現在開始，我要擴張公司，成為更大的企業家」，但實際上並不會有什麼改變。也許是因為你經常制定每日計畫後又親手撕掉，沒能實踐，或者制定了不合適的「上班前關鍵一小時」而常常感到疲憊，只會責怪沒能確實執行的自己。但是，我在這裡採用了認同感理論。我決定不相信自己的自由意志和努力，而是打造一個強迫自己擁有「我是優秀的企業家」認同感的環境，那就是 YouTube。

這是一個背水一戰的選擇。如果我在 YouTube 上自稱「我是帶給人們希望的創業家」、「我是年薪 10 億韓圜（約 2 千300 萬元台幣）的企業家」、「我是白手起家的青年」等，博取人們關注的同時，講述我取得成功的方法，會怎樣呢？我的認同感就會變成一個事業成功的網紅（influencer）。人們會認為

我是成功的企業家，我的故事將廣為流傳，我也會為了告訴人們獲得財務自由的方法，研究並整理出方法（那就是這本書）。

如果我把事情鬧得這麼大卻怠惰，或違背訂閱者的期待，會怎樣呢？我會變成一個騙子，而且非常丟臉。比起死，我更害怕丟臉，所以我別無選擇，必須展現出一個努力的企業家面貌，當然在這個過程中，我努力地整理出成功公式，告訴人們真正的成功方法。當你想學某些東西時，教授別人是更快提升自己實力的方法。在我構想這種良性循環時，我認為自己能發現更好的攻略，並找到捷徑。因此，我決定擁有「Youtuber」的認同感，並不是為了成為人氣 Youtuber，而是想強迫自己去獲得成長。

這是認同感變化的重要竅門。也就是說，如果你想把某件事做得更好，就不要空下決心，先創造環境吧。當你創造出不得不動起來的環境，就會自然而然地努力生活。創造一個訓練自己的操場，將自己置身其中，不要相信自由意志、努力、真誠等華而不實的想法。

因此，創造能夠改變認同感的環境非常重要。例如，擁有數千億韓圓資產者的金勝浩（音譯）[1] 會長經常強調一種方法。那就是在紙上寫下一百次「我要成為○○」的決心，或者將這個決心貼在所有的牆上。直到前年，我還不相信這個方法，並認為「那是在幹嘛？」。但現在回想起來，那也是改變認同感的簡單策略之一，真誠寫下一百次願望的行為將深深被刻進潛意識裡。不改變潛意識，任何事都休想實現。

1　為 SNOWFOX GROUP（韓國第一個全球餐飲集團）董事長與中央大學國際企業家課程教授。

現在你可能想問，「自青，我已經聽膩了認同感，現在告訴我具體的方法吧！」從現在開始，我將總結如何有意識地建立自我認同感。我們的大腦非常簡單，當我們認知到自己處於某種世界觀裡，我們會認為那個世界就是整個世界。同樣，當我們處於在一個群體裡，我們會看重該群體所認為有價值的東西。例如，追隨於偽宗教的人會覺得「該群體」所擁戴的教主很偉大。另外，住在首爾江南的人可能會認為只有「成功」才是最有價值的。我在楊平有一棟房子，當我去那裡的時候，發現那裡的人似乎對「錢」很淡然，每個人親切友好，享受著悠閒的生活。另外，當我去到國外的某個安靜的村莊，看到從容不迫的人們時，我就會反思：「我這麼努力生活是為了什麼？」

假設你連看了三天的恐怖電影，三天後走出家門會怎樣？不論看到什麼房子，你都會想像「那裡會不會發生謀殺案」而感到巨大壓力。這是由於大腦的認知迴路發生了變化。同理，改變自我認同感的方法很簡單。當你參與某種世界觀，大腦會自然而然地改變認同感。

1、透過書本進行間接催眠

改變認同感最簡單的方法就是閱讀相關書籍。如果你下定決心成為「健康專家」，可以閱讀十幾本有關健康醫學的入門書，讓大腦在一週內專注於「健康」主題，上廁所或發呆時，大腦會反覆思考「如何保持健康」。之後，當你看到人們或朋友的飲食習慣，你就會從健康的角度解讀；如果你決心成為「作家」，那麼你可以閱讀過去十幾年來出版的關於成為作家的書

籍。書中會有作者分享自己親身試錯的經驗，讓你覺得「我也能做到」。書是改變認同感最簡單的方法。

同理，若想白手起家或獲得財務自由，你只需要每個禮拜讀幾本書。當不停看到他人自食其力，獲得財務自由的故事，就會產生「說不定我也可以……」的想法。以我自己為例，21歲可說是人生低潮，而我透過「閱讀兩百本心理勵志類書籍」有了變化。我開始有了「說不定我也可以……」的想法，認同感出現改變。

當我說閱讀能改變人生，大家問的第一個問題往往是「那麼我應該讀什麼書？」。我認為，只要讀多數人有共鳴的書就可以了。我建議一開始先讀人物傳記類型的書。一口氣讀個二十本白手起家、出身清寒的人的書籍。到圖書館或書店挑選三十本左右，大致瀏覽一遍，找出三到四本想精讀的書，然後開始閱讀就可以了。大腦無法區分現實和想像，因此，只要閱讀白手起家的人的故事，你就會產生「我也能做到」的感覺。至少可以徹底消除負面情緒。

正如前面說過的，人類有一種叫「鏡像神經元」的東西，只要看到他人的行為，就會在大腦中觸發如同親身經歷過的相似反應，如能善用這一點，就等同「閱讀了一本好的心理勵志類書籍」。還有，希望你用學習的角度，敞開心扉去閱讀，不要用過於苛刻的眼光批判那本書的內容。現在你之所以閱讀，並不是為了崇拜那名作者，只是要將你的心態和人生與他的成功故事同步化。僅此而已。

▊ 2、環境設計

　　環境設計的代表性事例是前面提到的開 YouTube 頻道等，是把自己逼入絕境的方法。最常用的方法有「宣言」，也就是告訴身邊的人「我要變成○○！」

　　人類是群居動物，對名聲最敏感。試想一下，你能在沒人認識你的國外赤身裸體走在戶外十分鐘嗎？你絕對做不到，就算有人重賞一百萬韓圜（約兩萬三千元台幣）也不可能。就算一輩子都不可能再遇到那些外國人，不會有任何關係，也排除所有法律懲戒的機率，你也不會這樣做。因為在人類的基因中，「保持良好名聲」的命令根深蒂固。小時候被孤立的人之所以出現嚴重的心理問題，或甚至想了斷的極端念頭，也是因為這種「維持名聲的本能」。然而，如果能反過來利用這種本能，就能完成困難的事。

　　例如，我經常做的一件事就是告訴人們我的目標，如果達不到目標就罰款。實際上，我承諾了這本書的編輯負責人，會在度假的兩個禮拜內完成這本書，如果失敗，我願意倒貼一千萬元（約 23 萬元台幣）。我承認我是無法實現目標，差勁的懶惰鬼（自我意識解體），這本書原定前年完成，但我每個月都在拖，迄今為止，已經拖稿十一次。結果，原定截稿日過了很久以後，我才約定說：「如果這次又沒有準時交稿，我就給你一千萬元。」我之所以這麼說，是因為我很清楚，如果不這樣做，懶惰的我，一定不會準時交稿。

　　在我剛創立 Isanghan 行銷時，我知道自己又懶又擅長自我合理化，信不過自己，所以硬是搬了家，還特意租了一輛要價不菲的車，並把辦公室分別搬到月租一千萬韓圜（約 23 萬元台

幣）的地方，每月總共要付 2 千萬韓圜（約 46 萬 5 千元台幣）月租。這樣設計環境的原因是因為我清楚只有打造出對生存構成威脅的環境，我才會像拚命三郎一樣工作。我不相信自己，更不相信自由意志。人類認為我們所做出的行動都是基於基因和環境的組合。基因是天生的，無從下手，所以我只能透過改造環境以實現我設下的目標。環境設計帶來的行動和判斷差異，會影響到日常決策，數年後更會產生無法逾越的巨大差異。

▌ 3、集體無意識（Collective unconscious）

幾年前，我退出了 Youtuber 行列。當時有一個知名的 Youtuber 聚會，那個聚會由「點擊率」和「訂閱者」多的人掌權。Youtuber 沉浸於將全副心力都放在努力增加訂閱者人數上的這種世界觀。另外，當他們受到其他 Youtuber 的批評時，他們會覺得自己的「世界觀」崩塌。我當時也是如此，總覺得全世界的人都在看 YouTube，如果有某個 Youtuber 被批評，我就會誤以為「韓國全國上下都討厭那個 Youtuber」。實際上，被批評的 Youtuber，有的患上憂鬱症，有的甚至不敢出門。

然而，當我遇見活在另一個世界的，也就是不看 YouTube 的人時，我都會感到震驚，「那個 Youtuber 引起的相關爭議這麼大，你怎麼會不知道？」、「他擁有百萬訂閱者這件事，你怎麼都不驚訝？」、「原來你認為擁有百萬訂閱者的 Youtubr，不過只是一種膚淺的職業。」我當時沉浸在 YouTube 的世界觀中。

像這樣，人一旦加入某個團體，就會誤以為該團體支持的東西是有價值的。例如：如果你上重考補習班，就會覺得大學

入學考試考得好是全世界最有價值的事，而全神貫注在大學入學考試上。有一個著名的心理實驗，實驗者讓五個人坐在受試者面前，讓他們說出莫名其妙的回答。比方說，讓他們看著短棍子說是長棍子。然後輪到受試者時，受試者會故意把長棍子說成短棍子。該心理實驗說明了人類是社會性的動物。想想過去引起攜舉事件[2]的許多邪教吧。那些信徒只不過是參加了宗教聚會，長時間被洗腦，就開始相信不可思議的東西，做不能做的事情。

我說過，最近我想要擁有業餘運動員的認同感。我加入了網球俱樂部，一加入我自然地開始思考「怎樣才能打網球打得更好」，並看 YouTube 影片學習。我為什麼會那麼做？那是因為在網球俱樂部中，網球實力最強的人就是老大。在那裡，每個人都只聊網球，過去當過專業選手的人會被當作神一樣膜拜。在那個世界裡，無論多麼有錢，要是你挺了個啤酒肚，網球打不好，就會被視為失敗者。雖然犧牲正職，沉迷於業餘興趣是不應該的，但如果你覺得學網球是很重要的幸福因素的話，網球俱樂部是短時間內提高實力的最佳環境。上班族丈夫每當談到孩子的教育或房地產時，就會被妻子罵說「你也太狀況外了吧」的原因也在於此。妻子是全職家庭主婦，天天都去和房仲聊天，從沒缺席過家長會。丈夫微不足道的經濟與教育知識，在妻子第一手資訊面前，變得一文不值。

那如果想要獲得財務自由呢？沒錯，只要加入渴望財務自由的人們組成的社團就行。如果想賺錢，就融入那些對錢感興

---

2 指耶穌會把選中的信徒帶到天堂。

趣的人們，無論是加入聊天群組，或是小聚會都好。一開始會想「大家有必要這麼在意錢嗎？」但是持續參加之後，會漸漸地被影響。當你渴望被人們認可時，你就會閱讀、出去工作、分析圖表、觀察趨勢。當然，我想有些人會因為和陌生人見面而苦惱、不安，覺得「要是遇到怪咖怎麼辦？」這很正常，但它只是出自本能的恐懼。你必須違背你的本能。沒有必要對結識新朋友賦予過多的意義。如果你想改變自我認同感，就應該刻意加入某一團體。如果你想成為寫書的作家，就應該主動尋找並加入與作家有關的團體。當然，由於不同團體之間水平參差不齊，一開始你可能會經歷試行錯誤，但無論如何，只有你親身實踐並參與其中，才能培養出辨別優秀團體的眼光。

◉如果你想閱讀，可以參加一個叫「Trevari」的讀書會。

◉如果你想參加財富自由相關的讀書會，可以考慮加入「慾望的讀書俱樂部」。

◉你也可以利用「MUNTO」或社交應用程式去結識新朋友。透過擴大社交圈，你覺醒的機率就越高。

◉如果你不住在首爾，你可以搜尋當地的同好會或讀書會。

我要再次強調，我不認為賺錢本身有意義，我只是認為獲得財務自由，才能節省寶貴的時間，並有很大的機率能同時獲得精神上的自由。我從小就想學哲學，並創造自己的思想。為了實現夢想，我認為必須先有錢，唯有如此，才能擺脫生計問題，專注做我想做的事。過去那個想法沒有錯，現在的我已經

實現財務自由，我可以專注寫作，不必汲汲營營於金錢。我挑戰了長久以來的夢想——「寫一本百年後也能讀的書」。我將出版一本近乎當年夢想的書。

如果你想擺脫一切並獲得自由，你必須先獲得財務自由，為此，要讓自我意識解體，重新塑造認同感。此外，還必須徹底拋棄對自己的幻想。以下是關於這個幻想的故事。

人們只顧著舔自己心靈的傷口

我既不是了不起的企業家，也不是學者，但我對自己有信心在「從社會底層到白手起家」這方面，我算是出類拔萃的。我一直在想，之所以能幸運地獲得自由的原因。原因眾多，而我認為其中最重要的原因是「我不相信自由意志」。逆行人生者的主要概念「只有擺脫潛意識和本能的支配方能獲得自由」，也是始於人類沒有自由意志的信念。

從順理人生者與逆行人生者的概念中可以看出，我認為人的命運某種程度是註定的。我所說的命運並不是指某人分毫不差地，按照命運生活，命中註定死於 86 歲。如果你出生背景為前 50% 的家庭，大致上無法擺脫註定的命運，會過著與之相符的生活，然後老去。這就是「遵循命運的人生」，也是「順理人生者的人生」。

想到人類可能沒有自由意志，使我變得謙卑，讓我思考，或許包括我在內的人類並不是什麼特別的存在，也許與其他動

物沒有什麼區別。當我下定決心要實現某件事時，其中會存在一個「完全能自由判斷的我」嗎？難道不是先天基因被放在特定的環境而自然產生的反應？真的是我自己做出的決定嗎？

我的收入在同年齡層裡排名前 0.01%，而且，我手下有一百多名員工，辦公室每月月租超過 3 千萬韓圜（約 70 萬元台幣）。而且，我之前也算心理勵志領域的人氣 Youtuber。所以，人們都認為我的工作能力很強，但其實我是個很不成熟的人。身邊的職員都很清楚，我老是做同樣的蠢事，經常會忘記帶東西或丟失平板電腦；常常趕不上工作最後期限，導致延期。我承認我只是一個愚蠢的普通人。正因為如此，我才積極尋找讓自己經營好生活的方法。我不會依靠我自己下的決心、承諾和自信。

自我意識強的人與普通人不同。他們認為「我是特別的」、「至今事情能這麼順利，歸功於我的意志和選擇」。而且，他們大多數只相信自己的頭腦，結果第二、第三次創業慘遭滑鐵盧。因為他們深信自己的想法很特別，誤以為用那個點子創業一定會成功。結果呢？只剩下一身債。這都是由於他們成為了本能和基因的傀儡造成的結果。應該要承認自己只不過一台生物學上的機器，遇到好事可能是純粹運氣好。只有承認自己有很多缺點，才有可能成為卓越的人。

「我只是到現在還沒有下定決心，只要下定決心，我什麼都做得到！」是嗎？並非如此。那是大多數人的錯覺，包括以前的我。正如我所說，人只有在鬼門關前走一遭才會下定重大的決心。但是，那些誤以為只要自己下定決心，什麼都做得到的人，總是終其一生設定宏偉的目標後失敗了，然後為了保護自

我意識，重複啟動防禦機制。我學習心理學後得出了一個結論，人類不是那種制定好目標，就會實現目標的聰明生物，除了極少數特別的人之外，大腦不會保留目標這一抽象概念。因為人類的大腦進化成更專注於當下，而非抽象的未來。正是如此。我們的大腦原是用來行走、奔跑、捕食、尋找配偶繁殖的器官，並不是為了做好現代社會需要的未來規劃、投資與努力的器官。這就是我們每次減肥失敗的原因，也是新年新希望失敗的原因。本能，就是如此難以戰勝。

人們只要有想做的事情，就會制定虛幻的目標，且經常失敗。失敗後，又會忙著找藉口以便保護自我意識，責怪別人與環境，並自我安慰。反覆這種行為直到死去，不願意面對現實，看清楚自己是怎樣的人，經過什麼過程造成現在的結果。人們只顧著舔自己心靈的傷口。

我一開始就沒什麼可失去的。原本就在谷底，沒有什麼了不起的自我意識。所以要承認真實的我相對容易。「我只是個懶惰的動物」，所以在我制定目標的時候，我不相信自己，而是塑造出自己一定要實現目標的環境。「我會在兩個禮拜內寫完稿子，如果交不了初稿，我真的會給一千萬韓圜（約 23 萬 4 千台幣）。」多虧破釜沉舟的決心，我認真寫完了初稿（當然，我是在看了 YouTube 影片、漫畫、上傳影片到 instagram、看完留言，對自己感到失望之後，才開始寫）。

再說一遍，我不完全相信決定論（Determinism）。我並不是說人類完全沒有自由意志，只是想說我提出的方法有助獲得財務自由。還有，如果你接受決定論的世界觀，你的心情就會變得平靜。我的職員們常說：「我沒見過自青生氣。」實際上，

即使有人被嫉妒蒙蔽雙眼，企圖傷害我，我也不會因此有太大的情緒起伏。如有必要，頂多是採取法律措施，但我的心不會受傷，頂多覺得「那個人智商低、自卑、生活在不好的環境、有攻擊性等，各種要素結合在一起，使他做出了那樣的行為。他沒有自由意志，又因為自卑的基因而作出錯誤的決策。真可惜。他最終註定以順理人生者的身分過活。」

換言之，人類是從動物演化而來的。人類看似是具有自由意志的特殊存在，但實際上只是高度進化的動物。簡言之，人類只不過是具有高度智慧與自我意識的動物。人類有巨大的局限性，往往在追求目標時遭遇失敗，卻辯解說沒關係。我們絕非意志堅強的動物，因此，人類應該接受這一事實，並解體自我意識。

如果你觀察那些認為自己很特別而未能自我意識解體的人，就會發現他們都具有雙重性格。聲稱「人類是崇高的存在」的社會運動家有時會成為犯罪份子；禁慾的宗教人士卻犯下性犯罪；主張平等的政客卻利用非法手段讓子女入學，表現得好像自己凌駕於法律之上一樣。他們為什麼會這樣？這些都是因為他們自認為自己很特別所造成的事件。用我的話來解讀，就是過度的自我意識所導致的「自我膨脹」。

人們對我說：「你總是能實現自己設定的目標」、「你通常能實現自己說出口的話」。我並不是因為了不起才得以實現目標的，我只是承認人類的界限，以及我所擁有的界限。因此，我不相信自己的意志，而是藉由調整認同感與創造環境以創出結果。我從不相信自己，相反地，我相信「人類並不特殊」。這一信念本身反而有助於我取得比別人更出色的成果。這就是

我喜歡心理學的原因。心理學書籍解釋了人類有多麼愚蠢，單純和言行不一。你好奇要看哪些心理學書籍嗎？你可以參考我整理在本書最後的推薦書籍目錄。

「比知識更容易產生自信的，就是無知。」

——查爾斯・達爾文（Charles Darwin），《人類的由來與性選擇》（The Descent of Man, and Selection in Relation to Sex）

Chapter 4

逆行人生者的第三階段
克服基因錯誤啟動

我很晚才上大學，大二時，我上了一門令我震驚的課，名為應用認知心理學，其主題是啓發法（Heuristic）。當時，我感到相當頭痛，但實際上我並不需要理解所有的艱深的課程內容，我只需要明白人類是多麼愚蠢。由於課程難度很高，而且是以英語講授，班上只有大約 10 名學生。我可能是所有學生中最激動的。

「就是這樣。如果我能理解人類犯錯的原因，我一定會成為人生贏家！我透過啟發性法知道了人類為什麼會有偏見，為什麼會做出情緒化的判斷，為什麼會犯錯。儘管我已經 24 歲了，起步較晚，但我相信我必定會在人生中取得成功。」

我透過啓發法和「克魯機」找到了人類犯下荒謬錯誤的根本原因。

◉ 明知道不應該上社交媒體（SNS）和 YouTube等，卻浪費了一個小時去看一分鐘的刺激內容。

◉ 有一位女士認為只有減肥才能找到好的另一半。沒過幾天，她忍不住暴飲暴食，體重增加。

◉ 在街上走著與人起了爭執，一拳打在對方臉上，失去了一年的工資，還有了犯罪記錄。

◉ 曾認為「只要熬過這一關，我就能賺錢」的人，一旦股市真的崩盤時卻陷入恐慌性拋售（Panic sell），損失慘重。

◉ 有一位渴望成功的女性，她知道自己可以透過創作YouTube影片賺到當前薪水的十倍。但她不想拋頭露面，於是放棄了這個機會，接受一份最低薪資的工作。

除了這個，還有很多行為讓我產生疑問：「我到底為什麼會這樣？」因為如果自己下定決心按自己想要的方式生活，一定會擁有成功的人生，但人生沒有按計畫進行，所以才不滿意現在的人生。

　　儘管人類看似理性的動物，但我們往往會犯很多錯誤。我比別人起步得晚，從最底層做起，但當我理解了基因錯誤啟動的概念後，我得以迅速成長。首先，我們需要理解人類為什麼被設計成必然會產生錯誤的想法。

　　以飛蛾為例。現代人認為飛蛾是愚蠢的。因為飛蛾會在路燈周圍徘徊幾天幾夜，撲向燈光後死亡。為什麼飛蛾會這樣？這是因為飛蛾的遺傳密碼。飛蛾為了躲避捕食者在夜晚活動。牠們的視力使牠們只能朝著月光前進。飛蛾的遺傳密碼有利其生存，然而，進入現代後，人類發明了電燈。結果蛾子只是遵循了遺傳密碼，誤將燈泡錯當月光，最終迎來了死亡。曾經有利於生存的遺傳密碼在現代反而招來了死亡。

　　人類也不例外。我們所下的每一個決策，都會啟動「只對史前時代有利的遺傳密碼」，從而毀掉長期的人生。這種遺傳密碼在過去是一種很好的心理機制，但在現代會毀掉人生或導致貧困。現在，讓我們再次看看我們為什麼總是這些錯誤。

　　　　＊明知道不應該上社交媒體（SNS）和 YouTube
　　　　等，卻浪費了一個小時去看一分鐘的刺激內容。
　　　　→多巴胺的分泌帶來的快樂和愉悅，使我們在
　　　　史前時代的生存更加有利。 當發現了一種新水

果；當幸運地捕捉到獵物來養活家人，或成功吸引配偶並繁衍後代時，多巴胺就會被釋放出來。人類從多巴胺的分泌中感受到快樂，並以此作為動力，得以生存。然而，現代的社交媒體和YouTube只分泌毫無意義的多巴胺。我們會隨機看到一些刺激性的影片，例如有趣的事情、有魅力的異性跳舞、或令人驚奇的畫面等。刺激了多巴胺分泌，但實際上我們什麼也沒得到。當我們看到刺激性內容時，我們的大腦會產生錯覺，以為「你正在找食物、你正在找配偶」，並給予快樂作為獎勵，但實際上，沒有任何進展。就像飛蛾不斷地撞擊燈泡一樣，我們正在自我毀滅。甚至會造成腦損傷、智力下降。這是一種基因錯誤啟動。

＊有一位女士認為只有減肥才能找到好的另一半。沒過幾天，她忍不住暴飲暴食，體重增加。
→在史前時代，人類只要眼前有食物或糖，就會想盡辦法吃掉以積累脂肪。因為在狩獵採集社會，食物是非常珍貴的，如果得不到食物就會死亡。然而，在現代社會，糖和食物隨處可見。就像飛蛾撲火一樣，人類難以抗拒在眼前的食物。這在過去是有用的心理機制，但在現代只是誘發糖尿病和肥胖的遺傳基因錯誤啟動。

＊在街上走著與人起了爭執，一拳打在對方臉上，失去了一年的薪水，還有了犯罪記錄。

→看過「動物星球」等生態紀錄片的人都知道，雄性動物會不惜冒著生命危險成為首領。因為如果作為雄性動物的名譽受損，就不能被雌性動物選擇。同樣，一些男性遵循想要保持「自尊心」、「雄性首領地位」史前時代的本能。結果，他們不考慮未來，浪費了一年的收入。過去曾發揮幫助作用的遺傳密碼在現代卻可能會毀掉人生。

＊曾認為 「只要熬過這一關，我就能賺錢」的人，一旦股市真的崩盤時卻陷入恐慌性拋售（panic sell），損失慘重。

→失去食物和財產的靈長類動物因生存受到威脅而進化為心理上的痛苦。比起眼前的全部財產化為烏有，更重要的是「留下足以支撐下去的最低限度的生存資源」。同樣，在投資股票時，「有可能失去一切的恐懼」使人們難以理性思考，生存本能也會受到威脅。雖然理性上知道不應該賣出，但是感性上會恐慌性拋售，最終血本無歸。能意識到這一基因錯誤啟動的人能夠克服恐慌性拋售，將損失降至最低，並獲利。

＊有一位渴望成功的女性，她知道自己可以透過創作YouTube影片賺到當前薪水的十倍。但她不想拋頭露面，於是放棄了這個機會，接受一份最低薪資的工作。

→我們經常對在一輩子都不會再見的人面前展示自己裸體而感到牴觸。同樣地，女性的遺傳密碼中有著「盡量減少暴露於人前」的指令。史前時代的女性被眾多陌生男性看到赤裸裸的身體，並不是好事。因為有可能會導致意外懷孕或受到暴力。在現代，暴露在大眾面前反而會有很多機會。但是大部分的女性即使知道「這是個扭轉命運的機會」，也會本能地排斥，最終放棄。

　　讓我舉一個我們周圍常見的基因錯誤啟動案例。A是一名首爾大學畢業生，他在學生時期成績相當優越，無人能及。A曾就讀於一所地方高中，以壓倒性的第一名成績脫穎而出，輕鬆考入了首爾大學。然而，他進入大學後，成績從名列前茅往後掉。A難以接受這個現實，得出以下結論：「我的同系同學家庭條件都很好，而我的家庭條件較差，因此我不得不去當家教或打工。家庭背景的差異也反映在我的學業成績上。這個世界真的太不公平了。」

　　A大學畢業後進入國營企業工作，當看到了國、高中時期不如自己的人取得成功的模樣，想著「他們在上學的時候成績不怎樣，如今事業發展得風生水起。如果那種頭腦也能做到那種地步，我應該也能做到。」於是，他滿懷期待辭去鐵飯碗，

充滿自信地創業。當然，事情並不從他願。偶爾會看到吸引他的線上創業講座，但他不甚滿意；雖然周圍也有創業成功的朋友，但因為是學生時代他看不上眼的朋友，所以也沒聯絡他們。他心想「他們做的是生意。我做的是事業。」

在沒有得到任何資訊的情況下，A繼續著進行魯莽的挑戰。這只徒增了他的失敗經驗，他也給自己找了越來越多的藉口，像是「這次真的太倒霉了」、「要是我有更多的資金就會不一樣」、「這跟電視劇『金科長』騙人的劇情沒兩樣」。他本就狹隘的社交圈變得更狹隘，他不再參加任何聚會。即使周圍的人想伸出援手，提供給他新的資訊或介紹人認識，他也總是神經質地拒絕。結果，他變得一貧如洗，身邊也沒了朋友。A並沒有意識到自己在不知不覺中，變成一個只會口口聲聲提自己是首爾大學畢業生的人。

這真的是我見過無數次的經典失敗案例。他沒向自己處於相同水準的人請教，而是躲起來，嫉妒他人，保護自我，最終以失敗告終。如果這位首爾大學的學生能夠理解「基因錯誤啟動」的概念，結論就會不同。

如果他能轉換思維，認知到「我之所以不看好那些比我好的朋友，是因為雄性首領的本能，讓我把對方視為敵人。即使學歷比我低，也不是生意人，但只要比我賺得多，那個人就有值得學習的地方。我現在嘲笑對方是因為保護我的遺傳密碼錯誤啟動所致」，並向朋友請教的話呢？如果他能放下自尊，向自己晚起步卻超越自己的人請教呢？結果就會有所不同。要記住，展現毫無用處的自尊，是被遺傳基因當傀儡玩弄的順理人生者走的路。

我身邊有很多身家過百億韓元的企業家。當對方不必要地膨脹自尊，失去謙虛的時候，我會產生「這個人格局不過如此」。也就是說，這種人被基因錯誤啟動所左右。前面說明的啟發法中有一種叫「贏家的詛咒」（Winner's curse）。人類在屢次成功後會產生過度的自信，這是一種只有在部落社會會產生作用的心理機制。在現代社會，「贏家的詛咒」會讓人嘗到重大失敗滋味。這也是基因錯誤啟動的一種表現。那些自滿之人最終停止了成長，即使過了三年也不會進步。

　　當我理解基因錯誤啟動的概念後，這十二年來，我每天都會反思一兩次：「這是基因錯誤啟動嗎？」以下是我最近經歷的基因錯誤啟動。

◉ **如果推出《逆行人生》增訂版，人們可能會罵我想賺錢想到瘋了，怎麼辦？我的壓力會很大，要不要乾脆別發了？**

　　→人類的內建機制原本就被設計成暴露在大眾前會感到壓力。在學校演講時不是也會承受很大的壓力嗎？我的大腦因為害怕在大眾面前丟臉，導致名聲下滑，所以受到壓力。可是，即使推出增訂版，所有收益也都會全額捐贈，書的內容也會升級，讀者能獲得「更好的書」。所以，不要陷入被人評價的基因錯誤啟動，發行增訂版吧。

◉ **競爭企業遠不如我們，而且傳聞說對方有倫理道德的問題。我們果然是最棒的。**

　　→在與企業進行商談的過程中，他們都會陳述「對競爭企業

的不滿」。這是因為我們的大腦中認為「競爭對手是邪惡的一方」。然而，競爭企業一定也有其優點，不要無視那些優點，而要接受對方好的一面。從頭開始分析競爭企業吧。

◉ 我已經三天沒工作，感到非常不安。今天晚上必須做點什麼。

→ 適當的休息反而提高工作效率。人類被輸入遺傳密碼，使我們極度害怕在競爭中落後。其實，定期進行適當的休息和壓力管理會讓我們更好，所以，有必要忽略基因錯誤啟動引起的焦慮。

◉ 如=事業成就比我高的人肯定是富二代，錯不了的吧？和那種人見面，我會覺得不舒服、覺得他很傲慢，看著就不順眼。

→ 連續勝利的人會陷入「贏家的詛咒」，並會產生錯覺，誤以為自己成了全世界的領導者。這就是為什麼我會對比我優越的人產生排斥感。與其這樣，不如約對方吃飯，向對方學習該學的東西，這是克服基因錯誤的方法。

好了，到目前為止，我們已經討論了基因錯誤啟動的概念。現在讓我們來看看大腦是如何進化的，致使這樣的錯誤發生。

大腦是如何進化的

大腦是一點四公斤的灰質塊（Grey matter）組成，是現代科學未解之謎，大腦原本被設計為控制身體的活動。海鞘在幼蟲時期有大腦，所以會到處活動，等到牠要定居在一個地方時，因為不需要動了，所以牠會吃掉自己的大腦。如上所述，大腦原本是控制運動的神經束，但對於人類來說，它已成為具有超乎想像能力的通用程式。多虧了大腦——一台消耗人體 20% 能量的超級電腦，人類成為了地球的統治者。我們到目前為止所談的內容，也都是圍繞大腦發生的事。

正如智人從魚類、兩棲類、爬蟲類、哺乳類，進化為靈長類一樣，人類的大腦同樣經歷多個階段的進化。1970 年代，神經科學家保羅 · 麥克萊恩（Paul MacLean）將人腦的進化分為三個階段，稱為「三位一體的大腦」（三重腦假說）。也就是說，我們的大腦中有古哺乳動物腦、爬行動物腦、新哺乳動物腦，這些大腦發揮著各自的功能。隨著卡爾 · 沙根（Carl Sagan）在《伊甸園之龍》（The Dragons of Eden）中提及，三重腦假說變得大眾化。

最裡面的爬行動物腦負責基本的呼吸、循環和運動。因為負責的是基本生命活動，所以無需理智的干預，即能立刻做出反應。當眼前出現拖著長長的身體爬過的東西時，爬行動物腦就會受到驚嚇，發出「是蛇，快躲！」的指令。

中間的是古哺乳動物腦，負責基本的情緒和母愛等本能、以及一段時間的學習和記憶。當人們在學校或公司被孤立時會感到煎熬，在極端情況下會自尋短見，是因為這個區域的警示

燈被開到最大的關係。古哺乳動物腦是幫助人類群居生活的大腦。

位於最外面，形成時間點相對較晚的大腦就是新哺乳動物腦，讓我們能有抽象而複雜的想法，與「我是誰」這類高層次的想法。然而，相較內側的大腦，新哺乳動物腦反應較慢，只有集中注意力才能發揮作用。

人類透過三重腦，妥善應對各種情況，戰勝無數的動植物、躲過危險的蛇、群居協力度過危機，還能使用語言、建設文明。但為什麼我說這個大腦裡有病毒？

| 人類的三重腦結構 |

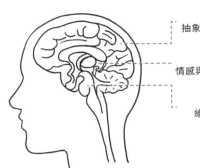

新哺乳動物腦(理性腦)_新皮質
抽象思維、語言、計畫、自我意識(15萬年前演化而成)

古哺乳動物腦(情感腦)_邊緣系統
情感與本能、學習與記憶(200萬到250萬年前演化而成)

爬行動物腦(生存腦)_腦幹與小腦等
維持生命基本活動、運動(300萬年前演化而成)

進化的目的是生存，而不是完美

　　幾年前我在 YouTube 上推薦了五本書，其中反響最大、迅速登上綜合暢銷書排行榜的就是蓋瑞‧馬庫斯（Gary Marcus）的《克魯機》。當時，這本書在書店賣到缺貨，到處都能聽到「克魯機」一詞。書名《克魯機》是指一種不成熟且有些混亂的解決方案。蓋瑞‧馬庫斯指出，進化並不是合理或有計畫地發生的。

　　進化是指在早期物種發生突變後，通過自然選擇（Natural selection，偶然的提議，自然的處理），任何進化都不會始於荒地。進化是更新或補強舊版本。因此，它會有舊的程式碼（legacy code），不可能像刪除全部的程式碼，從頭編寫後那麼乾淨。我們身體的許多弱點也是如此。對支撐體重而言，過於脆弱的脊椎；有盲點存在的眼睛、智齒、盲腸等，人體充滿了各種錯誤。因為進化的目的不是為了追求完美，而是為了追求適應與生存。這種盲目的進化，致使人體出現許多錯誤，而蓋瑞‧馬庫斯在此基礎上更進一步指出，不僅人體，人腦亦如此。

　　有生命的生命體需要不斷地生存和繁殖，因此有時不可能透過進化創造出最佳系統。就像發電廠的技師一樣，進化停止不了生物的運作，其結果就像在舊技術上加入新技術一樣，常常變得一團糟。例如，人類的中腦，正如字面意思，是過了許久才演化而成，疊放在古老的後腦上，前腦又疊放在中腦與後腦上……（中略）……對於不是

118

重新開始，而是在舊系統上建立新體系的不夠美
好的過程，艾爾曼（John Allman）博士稱之為
「技術的漸進覆蓋重疊」（progressive overlay
of technologies）。這一過程的最終產物很可能
成為克魯機。

——蓋瑞·馬庫斯，《克魯機》

克服基因錯誤啟動的逆行人生者心態

　　假如你能意識到克魯機病毒，你的生活將會發生什麼變
化？隨著 YouTube 熱潮掀起，說要開 YouTube 頻道的人超過
一百個人，但真正開始的頂多三個人。為什麼人們只是下了決
心卻不付諸行動？這是因為人類進化到不願意接受新的挑戰。
一個原始人為了進行新的挑戰，去到偏遠地區或攻擊老虎會受
重傷或死亡，而他所爭得的好處是那些沒有親自挑戰，選擇守
株待兔的人在享受。由此可知，這與我們所熟知的傳統故事不
同，勇士非但無法獲得公主的芳心，甚至很難留下 DNA。生存
下來的我們是有小聰明的懦夫的後代。

　　這種謹慎的基因在過去必不可少，然而，在今天卻成為劣
等基因，也就是克魯機。過去，新的挑戰涉及生存，現在並非
如此。即使挑戰開設 YouTube 頻道、部落格、新社交平台，失
敗也不會死，但是我們的懦夫克魯機和懶惰的大腦卻下達命令：
「不要吃飽沒事找事做，吃洋芋片吧。」事實上，當今，要是
你什麼都不會，招致的結果是「剝奪自由」，你將終其一生被

金錢和時間所束縛，無法成為人生主宰者。在挑戰和創新成為首要目標的現今，懦弱的克魯機變成人們自我發展的一大障礙。克魯機是一種致命的病毒，會讓順理人生者一輩子成為窮光蛋。

另外，造成人們帶來巨大傷害的克魯機病毒，也會帶來疏離感。在原始時代的百人規模部落，被孤立就意味著死亡。如果沒有人告訴你哪些蘑菇是可食用的，又或者如果沒有人結夥去打獵，活下來的機會非常渺茫。這就是為什麼古代社會有驅逐流放之刑。為了生存，人類已經進化成最適合社會生活的模樣，對自己的名聲非常敏感，過度在意別人說的話。在人聲喧嘩的宴會上，你也能聽見別人提及你的名字；想和某人拉近關係，就和他同仇敵愾，一起罵別人就行了，人類是社會動物。

最普遍的克魯機病毒是認知偏誤（Cognitive bias），即偏見。史前時代的人類進化成在暗處看到疑似巨大生物就會迅速逃跑的反應。雖然那有可能只是岩石，但如果真的是隻熊，就會帶來不可挽回的後果。即使以後釐清那沒什麼大不了的，人類遇到龐大的對手，先避開後觀望才是筆「划算的生意」。以前，人看到蛇的樣子會大吃一驚；看見多足的毒蟲等會感到噁心；吃了苦味或味道奇怪的東西就會嘔吐等，這些都是有助人類生存的偏誤。

然而，今天依然是這樣嗎？僅看片面就快速下判斷，有時會蒙受慘重的損失。年輕時連續被好幾個女朋友甩了後，就愚蠢斷言每個女人都自私自利。還有，被行銷公司詐騙一次就拒絕進行網路行銷的老闆，會怎樣呢？公司十之八九會完蛋。我周圍有很多人不進行挑戰，只會反覆說：「我試過了，所以我很清楚」。想當然，他們正過著順理人生者的生活。

偏見，即克魯機，會出現在很多時候。當你在下重要決定或購買貴重物品時，你應該思考一下自己是否陷入認知偏誤，只根據一兩個原因就作了決定。最近，我為了在鄉下找房子，看了幾間待售物件。我的大腦下達命令說：「停止煩惱，快點作出選擇吧。看了四間很夠了。都差不多啊！」。看了四個物件而感到的煩躁與疲勞感是克魯機造成的情緒。無論你買一塊餅乾或買一棟房子，克魯機的運作方式相差無幾。我開始在腦海裡製造克魯機疫苗，「雖然差不多，但這是我以後要住好幾年的家，是人生中重要的決定。要是買錯了，之後賣不出去，會有一大筆錢被綁死好幾年。想像一下那將讓我多困擾，這麼一想，就能下決心去看更多待售物件。」因為我有了情緒控制能力，所以就算看到非常滿意的待售物件，也不會馬上簽約。

　　克魯機造成的偏誤極其普遍，以致於我們很難察覺到。請試著回答以下問題。

◉假設你病危，需要動大手術。兩者中哪個更可怕？

1、這個手術有80%的存活率，動過這項手術的病人至今活得很好。

2、到目前為止，已有一百人接受了這個手術，其中二十人在七天內死亡。

　　1和2其實是同一件事，但人們覺得第2點更可怕。這種情感捷思（Affect heuristic，根據情緒做出的不合理判斷）是我在經營行銷公司時最常用的技巧之一。根據你加入的是觸動對方

情緒的句子或是抽象詞彙，成果將截然不同。我之所以在開設 YouTube 時能輕鬆成功，正是因為我利用了人類的捷思反應。

◉想像一下有二個YouTube影片封面縮圖，你會選哪個看？

1、改變人生的五本書。

2、改造貧窮御宅族為年薪10億韓圜（約2千300萬元台幣）的五本書。

　　人腦不喜歡抽象的詞語，因此你想打動對方，就要用具體的情況觸動對方的情緒。反之，在你作決定時，你應該思考一下自己是否陷入情感捷思。你問我要怎麼應用啟發法和基因錯誤啟動？你現在可能會感到困惑和棘手。這種心情很正常。一開始，不要試圖完全理解它，只要想著「啊，原來有這樣的東西」就可以了。然後，再重溫一次《逆行人生》。神奇的是，你會逐漸養成習慣，開始思考：「這個人的思維是基因錯誤啟動？」、「現在是我的想法是否出現錯誤啟動？」即使你現在還無法完全理解也沒關係。讀一遍就已經足夠了。

　　最後，我想提出三個問題，希望你能藉此回顧一下你平時是否發生過基因錯誤啟動。

提問 1「看別人的臉色，是不是犯了『判斷偏誤』」？

判斷錯誤　源自於原始時代，當時為狹隘的部落社會，因此名聲比什麼都重要。失去名聲不利於生存和繁殖，會陷入絕境。因此，我們的基因進化成，對失去名聲感到極大的恐懼。

一個人吃飯很丟臉嗎？那只是遺傳基因錯誤啟動而已。走與眾不同的路很丟臉嗎？只是逆向思維遺傳基因錯誤啟動罷了。你擔心從大企業辭職後，到能實現夢想的小企業，會改變你在名片上的頭銜？那是基因錯誤啟動。顧慮別人的眼光，只是遺傳基因被觸發，以保護你在團體中的名聲的而已。你必須要違背你的本能。

提問 2 「你現在害怕學習新事物嗎？」

對新經驗的錯誤啟動　　當你說不需要學習新事物，實際上你可能對學習陌生的事物有一種本能的恐懼。你是不是正努力逃避學習，合理化自己的逃避行為？當人類對現在的生活感到滿意，大腦為了不浪費大腦的熱量，會進化成傾向於維持舊習慣。這就是為何會本能地排斥學習新事物。如果這種排斥感一再出現，導致你不學習任何新東西，只是一味地說「我喜歡現在的樣子」呢？那麼你這輩子都無法擺脫金錢和時間的束縛。每當你牴觸學習新的事物時，你應該這麼想：「這是基因錯誤啟動」，用力拍打自己臉頰，讓自己清醒之後，繼續走自己的路。你必須成為逆行人生者。

問題 3 「你是不是因為怕損失，壓力太大了？」

有迴避損失傾向的人　　已經進化到對「損失」的反應比對利益更敏感。原本賺 1 億韓圜（約 230 萬元台幣）的人，現在即使賺到 1 億 1 千萬韓圜（約 23 萬元台幣）也不會特別高興。但如果你賺到 9 千萬韓圜（約 210 萬元台幣），大腦就會發出危機信號，「我每月會損失 1 千萬韓圜（約 23 萬元台幣）」。

這會增添壓力。在史前時代，損失是直接關係到生存的嚴重威脅。現在的我們，即使年薪從五千萬韓圜（約 120 萬元台幣）變成四千萬韓圜（約 96 萬元台幣），也不會死，人生也不會因此完蛋。不過，有些生意人連這種基礎計算都不會。如果他們多支付一點二倍的薪水，反而會吸引更多的人才，以長遠來看，會獲得利益。然而，水準較低的老闆會認為「多付一點二倍薪水，等於我虧了五十萬韓圜（約 1 萬 2 千元台幣）」，因此最終無法擴張事業版圖，從長期來看，會導致事業失敗。以上班族為例，即使有機會離職，去追求自我實現，他們也會因為擔心「年薪會減少一千萬韓圜（約 24 萬元台幣）」而毫無發展，繼續咒罵公司。為幾個小錢而憂心忡忡，只是遺傳基因錯誤啟動造成的妄想而已。

此外，還有很多基因的錯誤啟動。如果你對此感到好奇的話，我想推薦有幫助的書例如《克魯機》、《行動經濟學》、丹尼爾・康納曼（Daniel Kahnneman）的《快思慢想》等。如果想稍微學習基因錯誤啟動的相關知識，只要搜尋「捷思法（heuristics）」並加以閱讀就夠了。

克服錯誤啟動並獲得三十億韓圜

我想用我的故事告訴你實際應用基因錯誤啟動的方法。2019 年 4 月，我猶豫了將近六個月是否要成為一名 Youtuber，推遲的原因成千上萬，像是「沒有拍攝裝備」、「怕被批評」、

「因為已經是紅海了」等。一拖再拖，拖到我覺得太遲了，幾乎放棄的時候。我這時應用了「基因錯誤啟動」概念。

「我之所以如此猶豫，是因為我的基因錯誤啟動了。我們進化到對挑戰新事物猶豫不決。是基因讓我胡思亂想，阻止我開設 YouTube 頻道。我認為為時已晚了，也只是因為基因錯誤啟動而已。每個夢想當 Youtuber 的人都會有和我一樣的錯覺。如果現在開始，我會是一百名中排名第九十名出發的，比別人晚起步，但是這不過是錯覺。人類會被心理偏差誤導。在一百人中，第一名是天生行動力強的人，而他已經出發了。如果我即便現在開設 YouTube 頻道，我會是一百名中的第二名，永遠不嫌晚。當所有人都被基因錯誤啟動誤導時，反而是我的機會。」

我戰勝基因錯誤啟動，開始經營 YouTube，但又遇到了自我意識的問題。這是所有新手都會經歷的事。我努力了一個月，上傳了五支影片，然而，訂閱者還不到一百人，我感到十分挫敗。這時候，我的內心這麼說：「我沒有正式開始這件事。我沒有認真去做，只是試著做好玩的，現在收手吧。」

但我認為這只是基因的錯誤操作，「所有新手 Youtuber 都有和我一樣的想法。世上沒有一開始就做得好的人。我承認我的實力還不夠，我要先分析一下成功 Youtuber 的所有影片縮圖和前十秒內容。如果我現在不放棄，繼續做下去，會怎樣？當新手 Youtuber 因為基因錯誤啟動和自我意識的創傷，自我合理化並放棄時，我可以繼續前進。」

最終，我解體了自我意識，承認基因錯誤啟動。接下來，我的影片爆紅，奠定了我成為十萬訂閱者 Youtuber 的基礎。最後，我成為了最著名的「心理勵志影片 Youtuber」之一。得

益於此，我的人脈得以無限擴展，並結識了不少高手。多虧了YouTube，我的名字被那些對財富自由有濃厚興趣的 20 多歲年輕人認識，人才紛紛湧向我的 Isanghan 行銷公司，讓我們成長為韓國最好的行銷公司。另外，《逆行人生》在書店綜合排行榜上奪冠，銷量達四十萬本，我躍升為「人氣暢銷書作家」。我克服了基因錯誤啟動，接受了名為 YouTube 的新機會，抓住了一生難得一次的機遇。

「讀一本好書，就是與幾白年前最優
秀的古人進行對話。」

──笛卡兒（René Descartes）

Chapter 5

逆行人生者的第四階段
大腦自動化

如果有惡魔對我竊竊私語道：「你要一千億韓圜（約24億元台幣）嗎？你想實現大腦自動化嗎？」我會毫不猶豫地選擇後者。如果能實現「大腦自動化」，錢就會自動積累，我也會變得幸福，因此我沒必要選擇一千億。我認為，比起一千億，在這一章中將要討論的大腦優化和大腦自動化更加重要。

　　「大腦優化」是指透過閱讀或寫作來培養大腦肌肉。一旦大腦完成優化，智力就會終其一生地自然發展，這稱為「大腦自動化」。智力發展往往具有複利傾向，隨著時間的推移，智力會像滾雪球一樣自動提高。大腦自動化是指大腦優化不斷持續進行，即使你一動不動也能思考；即你不學習也在進行思考，自然而然地動腦。你不需絞盡腦汁，也能擁有比順理人生者出色的頭腦，度過更輕鬆的人生。完成設置的人和沒完成設置的人在十年後會存在天壤之別。

　　為了理解大腦的自動化，讓我以「下圍棋的囚犯」為例。有犯了罪被關進監獄的囚犯。他的牢房裡有一台電視，每天都播放著無趣的圍棋節目。這名原本對圍棋不感興趣的罪犯，在一年裡一直對電視聲音充耳不聞。有一天，一位圍棋老師用一個月的時間一對一地教他下圍棋，還讓他與其他牢房的囚犯下棋，提高他的圍棋實力。現在這名罪犯的頭腦中已經建立起對圍棋的興趣和知識。之後他會變得怎樣？他雖然被關在監獄里，但每天都會收看圍棋節目，實力日益長進。一到兩年後，他的實力會更上一層樓。這名囚犯雖被關在監獄裡，但他的圍棋實力和理解力卻會持續增長。

　　智力增長的人和智力停滯不前的人就像「忽視圍棋節目的囚犯」和「自然而然積累圍棋實力的囚犯」一樣。我就那樣觀

察著這個世界生活。有飯就吃，生氣就發火，眼前有遊戲就玩遊戲。雖然 20 歲了，但在一百人中，我的社會排名墊底。直到有一天，我開始看書，在這個過程中，我獲得了解讀世界的能力。有了背景知識，我開始看出世界的規律。

就像學下圍棋的囚犯一樣，每一天對我來說都是新鮮有趣的。我去書店能看出書本暢銷的法則，將自動構思出一個能寫出第一名暢銷書的方法；當我看 YouTube 影片時，我能曉得什麼內容受歡迎，並利用該方法製作出在 YouTube 上獲得五十萬點擊率的影片；即使出門吃飯，我也會自動了解為什麼這家生意興隆，為什麼這家生意門可羅雀。就像囚犯一開始不喜歡看圍棋節目，但當他感到有趣後，每天都在牢房裡看節目，生活變得充實有趣。

自從我優化大腦以來，我就沒有刻意努力。即使平凡地過著日子，我的知識也在積累。我的思考速度便快了，即使靜止不動，我動腦的速度和知識也在提高，這就是「大腦自動化」。不用刻意費力去做，做起來也不會覺得難。

如果頭腦不好會發生什麼事情呢？你會很難理解自我意識解體、基因錯誤啟動等概念。不僅如此，即使你接觸到賺錢的知識，你也沒有能力應用它。講白了，就是你不會動腦。頭腦不好就無法成為逆行人生者。你問我智力是天生的，能怎麼辦？你可能深信智力是與生俱來的，但這是完全錯誤的想法。大腦很容易開發。智能隨時都能被提高。你的大腦將透過逆行人生者第四階段「大腦自動化」進一步升級。你要有自信。因為我做到了。

我 20 歲時跟著朋友去了教堂。沒有宗教信仰的我受到了與他人不同的打擊。我怎麼看都看不懂教會裡人人都看的《聖經》。準備大學入學考試時也是如此，不管怎麼拉高其他科目的成績，但語文科目是個大問題。備考時間永遠都不夠，努力了三年一樣落在中下的第四等級。與我的努力相比，成績淒慘無比，後來還作惡夢夢到我在考語文科考試。

不僅是閱讀理解能力差。小時候我經常感到挫敗，因為無法好好地做決策。在 20 歲出頭的時候，幾乎所有的預測都有偏差；從 20 多歲開始，一半失敗，一半成功。然而，隨著年齡的增長，決策失敗的頻率降低了，從 31 歲開始我就沒有犯過大錯，最近，幾乎沒有覺得自己有錯誤判斷。當然，我哪一天可能還是會犯錯，但我現在的頭腦確實比小時候動得快。20 歲時測出的 IQ 為 109 左右，29 歲時為 125 左右，34 歲時提高為 136，當然，這不是可信度高的檢查，不過 IQ 意味著同一年齡層的標準差，通常很難急劇變化。因此，這些數據差異也可能來自於測試時的專注度。但可以肯定的是，我頭腦比十幾年前動得快得多。過去，我的大腦輸入資訊時會出現嚴重的緩衝，決策與計算利弊都很緩慢。人們看我就像看傻瓜一樣，安慰我說：「頭腦不好也沒關係。」但是，經過大腦優化，現在我無論接觸到任何新資訊，大腦處理速度都比普通人要快，經常有絕妙的點子浮現在腦海裡。我的內在發生了很大的變化，現在的我已經揮別從前了。

如果能用複利使大腦成長

過去的科學家認為智力是固定的，相信人的智力幾乎是由基因決定的，無論學習多少，成年後也不會有進一步發展。小時候應該都有聽過這句話吧？「腦細胞只會死亡，不會再生。」然而，隨著神經可塑性（neuroplasticity）理論的出現，已證實人類的大腦會根據當事者的使用程度，產生新的神經細胞。用得越多越好。諾曼‧多吉（Norman Doidge）博士的《改變是大腦的天性》（The Brain That Changes Itself）中就有無數這樣的事例。沒有空間感的人、自閉症患者、色情成癮者、強迫症患者、視覺障礙者的大腦發生戲劇性的變化，開始了新生活。另外，拍攝倫敦計程車司機的大腦後發現，海馬體（在大腦中負責空間和記憶的部分）明顯大於常人。因為他們記下了位於倫敦市內的兩萬五千多條道路和廣場。由於大腦具有巨大的潛力，所以隨著訓練，不僅會提高智商，透過想像訓練，還能增強身體的肌肉。如今在這個世界，光說「我頭腦不好，做不到」之類的話是行不通的。

我想說明的是「大腦複利」的概念。複利擁有驚人力量，如果 10 億韓圜（約 2 千 300 萬元台幣）每年增加 20%，二十年後就會變成超過 383 億韓圜（約 8 億 8 千萬元台幣）的鉅額。實際上，價值投資大師華倫‧巴菲特（Warren Buffett）從1965 年至 2014 年均獲得 21.6% 的收益，但透過複利積累，累計收益率的紀錄達到 182 萬 %。如果你沒有複利概念的話，就想一下喪屍吧。假設我們正和鄰國發生戰爭，而我們擁有一個奇特的喪屍。如果我們把這個喪屍送到對方陣營會怎樣？喪屍

咬對方的士兵，很快就有了兩個喪屍。如果兩個喪屍再各咬一個士兵，喪屍就會變成四個。八個，十六個，三十二個……很快地，敵軍有一半會變成喪屍。當喪屍數量超過一半，再過一個階段後就會全部變成喪屍。複利會帶來這種幾何級數的增長。因為，一開始本金會獨自產生利息（喪屍），但從第二階段開始，利息也會重新產生利息。

我在 21 歲時能獲得驚人的成長也是因為這個原因。例如，假設我原本的知識約為 100。一個月讀一本書，就能增加 1% 的知識。假設我一年讀十二本，十年後的知識量會是多少？令人驚奇的是 330，即 3.3 倍。就算一個月只讀了一本書也有這種效果！而當時我在一年多的時間裡讀了數百本書。當然，不是所有書都精讀，其中也有很多不怎麼樣的書，但重要的是腦子裡吸收的新知變成喪屍，感染（吸收）下一個知識，再傳染下一個知識，這個過程以驚人的速度進行。我因為不知不覺間透過複利增加的知識，即使我入伍之前已經有七年期間沒準備大學入學考試，我仍然在語言科目獲得滿分。

知識的發展不僅在大腦中，在人與人之間也是由複利速度增長。環顧周圍就不難發現，不怎麼讀書的人一年也看不到一本書（其實大部分的人都是這樣）。這樣的人別說看書，就連看報紙覺得困難，在網路上看到任何文章都不能理解文章脈絡，因此會說出莫名其妙的話，還發脾氣，和他們對話會感到很鬱悶。但是，平時大量閱讀的人，不管是什麼書都能輕鬆吸收，也能好好讀懂非書籍類的文章。因此，這些人會隨時拿起書，獲取高級資訊。這兩種人幾乎在各方面都有差異，不僅詞彙量

與理解速度不同，最重要的是，他們接受新知識的態度和深度也有所不同。透過堅持不懈的閱讀訓練的人能輕鬆從既有知識中汲取新的知識，就像優秀的運動選手能快速、輕鬆地學會其他運動項目一樣。我過去看過的一部紀錄片中，有一位教授說：「讀書貧富差距比經濟貧富差距更可怕，會造成人生的兩極化。」

讀書兩極化是一種複利，因此，哪怕只有 1 歲，也要從小開始閱讀。年輕的時候不做任何投資，等到了 60 歲才投資複利儲蓄商品，得不到多少複利的優惠。巴菲特把 11 歲才開始炒股，選為人生中最後悔的事情之一，充分地體現了「提早開始」的重要性。事實上，我也很後悔在國、高中時只顧著打遊戲。因為如果不是 21 歲，要是能早十年，不，早五年開始閱讀的話，我就能取得與現在無法比較的成就。

「讀一本好書，就是與幾百年前最優秀的古人進行對話。」這句話是對的。例如，在我獨自學習股票和房地產的過程中，有時，只要認識的高手大可說一兩句話，我就宛如醍醐灌頂。然而，書不只是宛如親切的鄰居大哥，而是將當代最優秀的知識分子和專家們終其一生學習的內容壓縮而成的產物。如果能選一好書，並盡可能地吸收書中內容，就等於獲得了作者幾十年來辛苦學到的知識和真理。

例如，有人幾年前看了我的 YouTube 後有所啟發，讀完了我推薦的五本，就會得到某種「濾鏡」。我推薦那些書已一段時間了，如果你能精讀，就會意識到自己的思維謬誤（《克魯機》），將人分成支配型、刺激型與安全型（《Brain View》），努力去有效使用大腦〔《大腦超載時代的思考學》

（The Organized Mind）〕。我讀《克魯機》之後，開始認識到自己和別人身上無數的克魯機。我可能一輩子都會戴著「克魯機濾鏡」然後消滅克魯機。如果有人能在年輕就擁有了這種好眼界，他將能享受複利帶來的優惠直到入棺材為止。

　　一個從 20 歲開始實踐大腦複利儲蓄的人，十年後，會和盲目生活的 30 歲同齡層的人有著天壤之別，閱讀理解能力提高了，閱讀時比別人更快地吸收和重新解釋知識就算他日後不再閱讀，知識也會自動積累。這是因為他已經建立好背景知識，就算不看書，只看電影，同樣足以刺激既有知識產生新的想法。同樣地，假如讀過很多商管書，那麼你只是去拉麵店吃飯，也會自然而然地留意菜單的組合、內部裝修、職員培訓程度與店鋪的淨利。對你來說，每天看見的數十家公司和商店都將成為學習案例。即使你玩耍或休息，你平時擔心的問題也會自動解決。用絕妙的創意在一天內就能賺到一年的薪水。只要活著，知識就會以複利形式積累。反之，如果平時不積累任何知識，就等於沒戴任何濾鏡，什麼都發現不了。即使後來有所領悟，也無法縮短與早早就領悟的人之間的差距，因為他們還在繼續奔跑。

大腦優化步驟第一階段_22策略

　　我是哲學系的老學生，經常聽到同系同學問我，為什麼不學英語，為什麼不準備就業等話題。那是因為大一到大二的冬

天，我大概平均每天花一到兩小時埋頭閱讀和寫作，投資的時間並不算多。在上大學前，我讀了大量自傳、心理勵志書和心理學相關書籍。在閱讀了數百本書後，我得出了結論——「讀書和寫作是通往成功的最佳捷徑」。這也是人們在最惡劣條件下，創造出最佳人生的普遍行為。

我加入了辯論社和詩歌社，認真參與社團活動。詩歌能培養創意性，辯論則是找出被噪音掩蓋的信號的方法。我周圍的人把閱讀和寫作看作是浪費時間，但不管怎樣，我每天都會閱讀與寫作。剩下的時間都在玩樂。其實，我也很焦慮，「這樣做真的對嗎？對我好的人給我那些建議一定是有原因的。」但是，我有一個明確的信念，「上大學的時候，我只要做閱讀和寫作兩件事。我不知道現在要做什麼，也不知道以後要做什麼，但如果我以多讀、多寫、多思考的方式打好基本功，以後無論做什麼，我都能遙遙領先。」

如今，十幾年過去，我變得比任何人都自由，賺的錢也比同齡人多。最重要的是，我很幸福。我認為我人生中做得最好的一點是實踐了「22策略」。阿爾伯特 · 愛因斯坦（Albert Einstein）、馬克 · 吐溫（Mark Twain）、芙烈達 · 卡羅（Frida Kahlo）、李奧納多 · 達文西（Leonardo da Vinci）等天才都喜歡寫作。大多數名垂千古的作家、哲學家或企業家等都有出色的寫作能力。我認為，他們被稱為天才，不是因為他們寫得好，而是因為長時間的寫作使他們大腦發達，擁有了更好的大腦，因果是顛倒的。

一個鍛鍊身體核心肌肉的人，做任何運動都能做得很好。曾是棒球選手韓國 Youtuber Yasinyaduk、曾踢過美式足球的韓

國 Youtuber Hourse-King 等都有發達的核心肌肉。他們在學習新的運動時，能比別人快十倍以上，展現驚人的成效。同樣的道理，只要你鍛鍊大腦的核心，什麼都能做得好。人們問我怎麼能事事成功，我毫不費力地取得各種行業的成功，無論是YouTube、部落格、行銷或寫書等，我在任何事上都能很輕鬆實現目標。我相信祕訣是我訓練了「大腦的核心」。

就像訓練肌肉一樣，你也能訓練大腦。但是大多數人的肌肉訓練失敗了，大腦也因為不得其法而放棄。相較之下，兩者很相似。首先，訓練肌肉的方法很簡單。①舉起可承受的重量，一次舉八下，重複三組。在舉完八下後，休息兩分鐘，再重複進行這樣的循環做三組。然後，②吃蛋白質和③休息四十八小時到七十二小時。只要你遵守這一點，你就能排名前 10%。

但超過 90% 的人健身失敗。為什麼？因為他們沒有遵守這個簡單的法則，或者每天都以沒效率的方法健身幾小時，然後因太累而放棄。我每週只健身十到二十分鐘。即便如此，每次別人看到我都會說：「你的身材真好，有在健身吧。」這和獲得財務自由的過程非常相似，大多數人試圖用沒效率的方法實現財務自由，最終放棄，或因為自我意識，執意用自己的方式，最終沒能獲得自由。

運動失敗的原因，整理如下：

　　1、飲食不當。

　　2、每天進行一到兩個小時的過度運動後，因太累而放棄（只做三組運動就可以，卻多做到

十組到二十組）。

3、肌肉的休息時間也很重要，卻沒有遵守。

4、仿效學習職業健美選手的訓練方式。

5、不知道什麼是有效的運動方法。

沒能實現財務自由上的原因，整理如下：

1、按照自我意識生活。

2、複製別人的成功方式（三小時睡眠，上班前的關鍵一小時，「努力」失當）。

3、疏忽大腦優化，更正，是無視。

4、只強化自我催眠，認為「只要迫切許願，宇宙就會幫助我」，卻沒有身體力行。

5、不知道書有正確答案，也就是說，不懂原來書就是攻略本。

22 策略是最佳的大腦優化方法。肌肉發達的人是如何擁有那樣的身體？他們多年來每週都進行「肌力訓練」，結果鍛煉出了強大的肌肉。為了使肌肉成長，必須「不斷地刺激肌肉」。同樣，大腦的肌肉也可以刺激並成長。想鍛煉肌肉，只要舉起啞鈴就可以了，同樣地，想讓大腦有所成長，閱讀和寫作是最有效的方法。我敢斷言沒有比這更好的方法了。

22 策略並不特別，我指的是在兩年的時間裡，每天花兩個小時的閱讀與寫作。多虧如此，我才得以令大腦成長。雖然我23 歲才上大學，但我花了兩年實踐 22 策略，在 24 歲冬天成功

創業，每月賺取 2 千萬韓圜（約 70 萬元台幣）淨利，這真是個谷底大翻身。

有些人看到這裡會感到吃驚，「好吧……閱讀就算了，但還要我寫作？」我並不是強迫你成為作家。換成以前的我也會說：「不是要教我如何取得人生的成功，現在說的是什麼意思？」是的。我在說的就是人生攻略法，致富的捷徑。

改變人生的方法很簡單，只要提高決策能力就可以。當別人迷失在人生的迷宮時，你只要選出一條通往出口的路就行了；當別人陷入自我意識，奮不顧身地撲向即將崩盤的股票時，你只要培養出快、狠、準的眼光，以及在其他人都瑟瑟發抖的暴跌股市中，有低價買進的膽量就可以了；經不起慫恿而開店，或冥頑不靈，堅持創業的人，只會走上人生岔路。只要你讓自我意識解體，優化大腦，把握別人看不到的機會，你的「人生」遊戲就會升級。閱讀和寫作能直接培養你的決策能力、創造力與後設認知等，是這場「人生」遊戲的攻略本和獨門絕招。

我們做任何行為時，都只會用到一部分大腦。看 YouTube 影片或驚悚電影、旅行、約會、運動時會使用大腦的不同領域。然而，書籍幾乎會用上所有的大腦領域，會增加腦細胞、提高智力。閱讀時，我們並非單純讀文字，還會在腦海中模擬內容，大腦無法區分那是真實經驗還是模擬體驗。因此，閱讀不是一種間接經驗，而是近乎於直接經驗。實際上，閱讀能刺激負責視覺資訊的枕葉、語言智能領域的顳葉、負責記憶和思考能力等的額葉和左腦。根據書的內容，還能刺激管理感情和運動的區域。換言之，閱讀用上了整個大腦。

閱讀時，大腦各種區域透過相互交換資訊變得活躍，腦細胞的增加會使大腦神經網路變得更密集。簡單地說，智力會提高。就像肌肉會增加一樣，大腦肌肉也會增加，核心變得強壯。用電腦來比喻的話，你的執行速度會非常快。我 20 歲出頭的時候，人們要我做什麼事，我也總是慢吞吞的，周圍的人都理解意思的時候，我還在狀況外。另外，在我聽到命令時，我會陷入恐慌，「執行能力」下降。但經過了 20 歲後半段，我現在的理解力比身邊任何人要高，而且我堅信無論任何情況，「我做出優秀判斷的速是排名前 0.1%」。很多時候，我回想過去，都會想「現在大腦運轉變得這麼快，像話嗎？」

　　除了閱讀外，我還說要寫作的原因為何？不久前，我遇到了一位 20 歲出頭，月收入超過 4 千萬韓圜（約 92 萬元台幣）的企業家。他對平時相信不閱讀就絕對不會變聰明的我說，他不看書。他說，小時候想讀書，但大家的書都寫得太差，不想看，於是他自己寫，長期的寫作習慣讓他變得聰明。這句話很正確，寫作和閱讀一樣重要。

　　其實，我最近很少寫作。因為我覺得事業都走上了正軌，我的判斷力沒有問題。但當我的判斷出了錯或人生開始不順，我就會重新寫作。因為我堅信寫作能讓我頭腦達到最佳狀態。寫作幫助我整理和儲存想法。例如，有人透過本書，了解了 22 策略的概念。但這僅止於閱讀或傾聽，並不能內化成自己的。即使教了大腦十件事，它往往只能留下一件事，甚至連這件事都沒完整儲存。

　　為了讓知識全然變為己所有，就要寫作。例如，用「為什麼自青堅持 22 策略，還有我要怎麼付諸實踐」為題，哪怕只寫

一兩段的人，和說著「唉，這種話真老套」，快速讀過去的人，兩者會有截然不同的結果。前者很有可能繼續保持閱讀和寫作的習慣，後者則是大腦裡只會記住了各式各樣心理勵志書的書名。真正重要的不是閱讀本身，而是自身的變化。

你花兩年的時間，每天花兩小時去閱讀與寫作，剩下的時間可以玩樂，然後，這樣大腦就會有所發展並優化，這不難。每週一兩次，就能讓你成為前 10%。就像我說的，能做到一個月讀一本書，並有規律地寫作的人，少之又少。你至少一週寫一次，甚至一個月寫一次。如果真的辦不到，就到我經營的 NAVER 論壇「黃金知識」找讀書會夥伴吧。或者你可以搜尋「自青部落格」，多參與我上傳的挑戰活動。我正經營著五個開放聊天室，參加者超過一千多人。人們會在裡面寫作和閱讀，並進行打卡，互相鼓勵和發表評論。人們利用聊天室創造環境和集體潛意識。

正如前面的「環境設計」中所說，將自己逼入絕境也是一種方法。告知周圍的人自己要開設部落格或 Facebook，製造每週都要寫文章的環境也是很好的方法。上大學的時候，我著迷似地長期閱讀與寫作，但其實要每天實踐 22 策略並不容易。本書的讀者中，真的付諸實踐的人估計不到 0.1%，而一週實踐一兩次以上的比例約 5% 左右。

正因如此，人生才這麼輕鬆。因為沒有人能做到這一點。大多數人被基因的命令和本能所束縛，找各種藉口放棄。能每天早晨拖著沉重的身體去公司上班，晚上卻無法坐在書桌前寫一行字。有人說是因為沒有立即的補償？那些都只是藉口。我

不是證明給你看，這是一輩子的複利儲蓄了嗎？無數白手起家的逆行人生者在那麼多的書裡，不是費盡唇舌了嗎？95% 的人很快就會放棄。因為那是人類的本能。所以我寧可你這麼想，「天天做太難，一週至少實踐一天吧。將近 99% 的人連一週一次都做不到，光是能達到這個，我就能遙遙領先於別人，能成為逆行人生者」。

我也知道，如果每天閱讀能讓我成為箇中翹楚，但我太懶，做不來。但，這十年我告訴自己：「每週找一天讀三十分鐘的書，僅做到這一點，我就能排在前 5%。」結果，我從最糟糕的人生走向最美好的人生。

作業 怎樣才能每天讀三十分鐘的書？首先你要思考如何創造環境。不要從一開始就制定過高的目標。只需要在第一週設定每天閱讀三十分鐘的目標，並把這個目標寫在部落格上。

大腦優化步驟第二階段_五子棋理論

下過五子棋的人都知道，五子棋下得好就能連續進攻，如果適當地與其他棋子會合，就會產生很多攻擊路線，在你攻擊的時候，對方只能防禦，往往因此比賽失利。如果我們的人生也像下五子棋一樣的話，將如何？只要你能取得無限的勝利，你就會自然而然地獲得自由人生。一直以來，過著貧窮生活的人，一旦走上富有之路，就會以幾何級數的速度積累財富也是

同樣的道理。五子棋是下棋遊戲，人生也與五子棋相似，就像在玩一場名為「決策」的下棋遊戲。

這麼說可能太抽象了，讓我舉個例子吧。在我的人生中，22 策略是最好的第一步。22 策略是提高智力的好方法，得以讓我日後能輕鬆吸收各類知識。我的第二步是「諮商」，經過八年多的諮商，我能理解人類情緒的變化模式。因此，我能進行輕鬆打動人心的行銷。第三步是「行銷」。我透過了解市場行銷，具備了不管做任何事業都不會失敗的經商實力。此外，我還預測到 YouTube 從 2019 年開始將成為主流。由於我經營了 YouTube 頻道，才得以聚集以我們公司的規模永遠不可能聘用到的人才，下一步是擴張成立各家公司。而且，我現在寫書是以這些經驗為基礎。如果書寫得好，我能下的棋路就接近無限大了。也就是說，我的每一步棋都在重複「穩贏不輸的遊戲」。

實際上，《逆行人生》被選為年度綜合暢銷書第一名，創下四十萬本的銷售量。因此，我的事業和人脈提升了兩個級別，能做的事的可能性變成無限大。

看那些有錢人的採訪，有一個共同點：「剛開始沒賺，但只要一開始賺，賺的錢就會以幾何級數增加。」《錢的屬性》（돈의 속성）的作者金勝浩（音譯）會長也說過一樣的話，「我花了三年才開一百家店。按理說，開一千家店需要一百年以上。但我們花了不到幾個月的時間就做到了。」為此，最重要的是，即使你不能馬上賺錢，你也要下一盤「長遠的棋」。人生是一場長達一百年的遊戲，每個人從 20 歲到 60 歲，有四十年的全盛期。當你看到那些在事業失敗或投資失利的人，會發現他們過度焦慮，彷彿明天人生就會結束一樣。不執著於眼前利益和

收入，考慮到長遠而下的棋，我稱之為五子棋理論。

　　我從 2019 年 4 月底開始經營 YouTube。從短期來看，經營 YouTube 並不是一個好主意。因為不知道會成功或失敗，就算成功了，計算機會成本就會知道並不是一門賺錢的生意。經營 YouTube，還不如進行五次每小時 90 萬韓圜（約 2 萬元台幣）的復合諮商，更有賺頭，一天能賺 450 萬韓圜（約 10 萬元台幣）。或者好好執行 Isanghan 行銷案，每月獲得 2 千萬韓圜（約 46 萬元台幣）的淨利更好。經營 YouTube，等同於我每天損失 450 萬韓圜（約 10 萬元台幣）。但從結果來看，YouTube 帶來的利益遠比當年我不分晝夜地工作更多。

　　自從經營 YouTube 成功後，我不僅見到了上市企業的 CEO，還見到無數白手起家的幾百億身家的企業家。事業上的機會也隨之而來，了解了過去不懂的投資世界。因為人們都看過我的影片，所以我不需要長篇大論自我介紹。不管做什麼事業，只要我在 YouTube 上一提到就能有好成果。最重要的是，全國人才蜂擁而至。因為我能請到最優秀的人才，公司才能日益壯大。

　　結果，與三年前相比，我的工作量減少了，但獲得的被動收入是過去的三倍以上。如果三年前的我只顧眼前的收益，會怎樣？我的收入未必會減少，但我現在應該依舊過著忙碌的生活，沒有時間構思或開始下一項事業。現在我有更多的時間與收入。這是因為我根據五子棋理論下了長遠的棋。我在想出五子棋理論後，我在 2019 年至 2020 年下了幾路棋。

◉**開始經營YouTube。**

◉為了賣出價值29萬韓圜（約6千700元台幣）的電子書（PDF），我寫了兩本書的初稿。

◉成立YouTube諮詢公司，親自奔走。

　　YouTube 諮詢價格為 39 萬韓圜（約 9 千元台幣），如果我親自進行的是復合諮商，應該能入帳 90 萬韓圜（約 2 萬元台幣），但透過 39 萬韓圜的諮詢，我對 YouTube 的理解增加了，多虧如此，我才能寫出一本名為《YouTube 演算法踢踏舞》的電子書（PDF）。它每月帶來了 1 千 500 萬韓圜（約 34 萬千元台幣）的被動收入。而且，培養了二十多名超過十萬名追蹤者的 YouTuber，了解了 YouTube 的成功公式。以這些經驗為基礎，我能夠在兩個月內幫助停滯三年、約九千名訂閱者的 YouTuber 增加到五十萬名訂閱者。

　　透過那次經歷，我明白了「如何在 YouTube 上進行免費行銷」。因此，我透過 Isanghan 行銷的 YouTube 頻道推廣我的成功故事，最大限度地提高了我的收入。現在，我每月至少能獲得一億韓圜（約 240 萬元台幣）的額外收入。在行銷《逆行人生》時，我也利用自己的咨詢經驗，時隔三年重新開始了 YouTube 頻道。這本書能成為暢銷書，YouTube 居功厥偉。因此，儘管 YouTube 咨詢在短期內賺不了錢，但從長遠來看，它替我帶來了不少收益。我透過五子棋理論增加了可能性。

　　僅在幾年前，我打算寫書，寫好草稿，再寄給近十家出版社。然而，大部分都石沉大海，其中有一家出版社回信了，但卻是拒絕的信。我改變了想法，我想不應該由我提案出版，我該製造讓出版社纏著我出版的狀況。當我在 YouTube 上取得成

功後，情況發生逆轉。我在 YouTube 上提到的五本書，曾是已絕版或是一天銷量只有兩本，之後全部成為暢銷書。出版社經常說：「這在出版界是史無前例的。」

結果怎樣呢？ YouTube 一紅，我就接到了一百多家出版社的聯絡，像是「請您寫書吧」、「能麻煩您替書打廣告嗎」等。實際上，出版心理勵志類書籍的出版社幾乎都和我聯絡了。當然，以前回郵件拒絕我的出版社發來出版邀約（或許他們到現在還不知道我以前主動請他們出書過）。結果，我和心理勵志類書籍銷量第一的出版社簽訂了出版合約。過去的我覺得這家公司規模太大了，根本不敢把初稿寄過去。

如果只以金錢來衡量，現在寫這本書可能是在浪費時間，利用這些時間多關心我的事業，能獲得超過版稅收益數十倍的短期收益。然而，透過出書，我的品牌價值將有所提升。透過此經驗，我可以試著涉足出版事業，或運用在市場行銷上，長期來看，這能提高公司的品牌價值，還有機會遇見地位比我更高的人，從而獲得靈感。從短期來看是虧損，其實不然。

所以盡情去下自己的棋吧。你真的一無所有，不知道該做什麼嗎？去當 Kakao 代理駕駛吧，或是去電商酷澎（Coupang）、咖啡廳打工都可以。你要一邊研究那裡發生的事情，並養成閱讀習慣。當代理駕駛的時候，你不能覺得「我的人生為什麼會這樣」，請先讀完人際溝通相關書籍後再上路。當客人和你交談時，你就實踐從書裡學到的東西。如果在咖啡廳打工，就先讀二十本與咖啡廳創業有關的書？不會有虛度的工作時間。

我並不是說現實很容易。當你處在一個不好的環境時，整個世界看起來都會是消極的，你無精打采，什麼也不想做，這

很正常。因為本能讓你感到如此。但如果你只是按照別人的指示生活，你將繼續活在只有一直「做反應」的生活裡。難道要懷抱不滿地走在基因、本能、世界創造的軌道上，直到死去嗎？必須要違背本能，不斷展望未來、設計環境。只有描繪未來與抑制本能的人才能抗拒命運。

你現在的生活不就忙著解決眼前的課題嗎？為了下長期的棋，應該先想一想你要做什麼，然後寫出來。如果你真的想不起來，請考慮一下我下的棋。即使少賺 100 萬韓圜（約 2 萬 3 千元台幣），跳槽到輕鬆的公司吧，而非要加班的公司。把多出來的時間拿去做運動、優化大腦，每天讀一小時的書。如果你在做兩份打工，你一定要放棄其中一份，利用多出的時間去創意論壇（樂於自我成長的人聚集的場合），或者讀書，或者認識比你更優秀的人。要記住，只忙著眼前成就而消磨人生是順理人生者的典型行為。

作業 根據五子棋理論，思考一下在你的生活中，什麼是短期內沒有好處，但長期有會好處的可能性是什麼。如果沒有，那麼你可以從現在開始考慮進行的長期計畫有哪些？想不起來也沒關係，出去散步十分鐘，思考一下。然後把想法寫在部落格上。

大腦優化步驟第三階段_擴大大腦的三種方法

在遊戲中出現「您的能力值提高了 120%！」的魔法，要是我們也能像這樣提高大腦能力多好？我讀了很多關於大腦和人類認知機制的書，並思考如何將其效率化。迄今為止，我所說的「創造複利的大腦」、「22 策略」與「五子棋理論」等，皆源自於此。大腦為了生存而試圖減少能量，有效地工作。但是，這種方式在原始時代也許是有效的，不過對於生活在現代的我們來說，大多時候都是不利的。因此，我們要想盡一切辦法叫醒懶惰的大腦、吸收新資訊、創造新的事物，並將大腦裡的想法具體化，再從那裡形成新資訊，再次形成刺激大腦的一連串良性循環，為此我介紹了前面的方法。到目前為止，我提到的都是如何在大腦中鋪設新的線路，是一種新的程式設計。至於讓強大的電流，刺激這個程式運作，就是另一個問題了。現在讓我們來看一些關於「刺激大腦」的實用技巧。

前面我提到，培養肌肉和培養閱讀的大腦是差不多的。有努力運動過的人都知道，身體一開始會抵抗新的運動。肌肉覺得酸痛那時，脂肪累積會和消耗的熱量成正比，但如果能戰勝這一個階段，運動達到一定的程度，運動就會變得容易。反過來說，做三組運動就鍛鍊出來的肌肉，因為身體已經適應了，所以即使做了五組，肌肉也不會受到太大的刺激。

大腦也是如此。如果你認真執行前面提到的創造複利的大腦、22 策略與五子棋理論。一開始，你會有驚人的成長，但大腦這個奸詐的傢伙開始適應了，即使你做的努力和之前相同，實力增長幅度不復先前那麼驚人了。這時，你需要的就是「刺激大腦」，刺激懶惰的大腦，使其再次擴大。這與重新設定運動流程是類似的原理。鋪設新線路，使其能站穩腳跟，給予充分的休息。下面我要介紹我刺激大腦的實際作法。

▋ 1、刺激平常不用的大腦

諾貝爾科學獎得主的人具有什麼特別才能？由於諾貝爾科學獎的領域和主題眾多，因此每個人都好奇他們有何共同點。調查結果顯示，他們對科學的理解程度與沒有獲得諾貝爾獎的科學家相差不大。然而，諾貝爾獎得主有一個與眾不同的地方。那就是他們除了科學，在其他領域也有深厚的造詣。諾貝爾獎科學獎得主者都對文學與歷史等其他領域很感興趣，並具有深厚的理解力。

創造性和智慧來自整體思維（Holistic thinking）。整體思維一般稱為洞察力，是綜合使用整個大腦時發揮的思考能力。也就是說，為了提出精彩點子，或發現異想天開的解決方案，需要刺激不同的大腦區域。因此，當我們需要新的想法或遇到困難的問題，我們會試圖刺激各種大腦功能。例如，我們會做運動以刺激身體運動、會看科學相關 YouTube 以刺激數學邏輯、聽節奏感強的音樂刺激音樂智力；如果你要取名字或尋找好的形容，你就拿起平時不怎麼讀的詩集或小說。像這樣，同時刺激多個區域就能感覺到大腦正在放大和擴張。實際上，我有過好幾次用這個方法找到答案的經驗。

重要的是新經驗。經營事業會遇到危機。從常識上看，看經營管理類的書籍似乎很合理。但是，我常看的是《三國志》之類的歷史題材、科學紀錄片或者 YouTube 影片。當我看著這些媒介的時候，自然而然地想到解決方法，有如奇蹟般地解決問題。當我閱讀相關領域的書感覺沒進展時，但當我在看到完全不同領域的內容時，往往會突然產生更高水平的問題。不僅是我，像天才物理學家愛因斯坦和費曼（Richard Phillips

Feynman）也經常這樣。這麼看來，這是人類大腦的共同現象。

因此，當事情不順利或想提出新的想法時，我就會學習截然不同的領域。過去，我讀的書偏重心理學和哲學，是時候顛倒過來了，用我沒用過的方式學習數學和科學領域。但這不代表要深入學習數學、科學或歷史那些難懂的書。正如我多次所說，我沒那麼聰明，更沒堅定的意志。所以，我找到的妥協點就是看 YouTube。

從學習深度和長期效果來分析，看 YouTube 並不是個好方法。但有時候看會比不看好。當遇到很棘手的問題時，能抱著平常心開卷閱讀的人不多，但與其打開電腦遊戲，還不如打開科學 YouTube 影片，輕鬆地專心收看。知名的科普 YouTube 頻道會用連國中生都聽得懂的方式進行簡要說明。最重要的是，那些影片都很有趣。我個人推薦「科學夢想」、「SOD」、「一分鐘科學」、「新穎的科學」與「平庸的科學」等 YouTube 頻道。

▌ 2、走沒走過的路

每當我看到不運動的人，坦白說我感到很可惜。運動不僅能提高幸福感，還能治療大多數憂鬱症。此外，它還能最大限度地提高大腦的效率。當我看到頭腦聰明卻不運動的朋友，就會感嘆道：「只要你運動，就能更快地得到你想要的……」我幾乎涉略了所有的運動，我也喜歡運動，這是為了獲得「更敏捷的自由」。每週兩次左右的運動能防止身體老化、提高幸福度、大大提高創造力和決策能力。說實話，我認在本書中只要學會「22 策略和運動」這兩項，你就能獲得成功。

當我在處理人生重要任務，並需要高度專注力的時候，我就會做運動。在寫《逆行人生》的時候，我每天都會堅持做三十分鐘左右的有氧運動，在準備增訂版的同時，每天也會運動三十分鐘。雖然我平時不是每天都會做運動，但當我需要從事需要大量腦力的工作時，我傾向於每天都運動。運動能大幅提高專注力，還能讓我處於輸出創意的狀態。特別是運動和洗澡後，我能找回原本消耗殆盡的專注力。

羽毛球、足球等運動也不錯，如果你不喜歡，你也可以騎自行車、慢跑或散步等。以下是我在做一些關係到人生大事，或需要高度專注力的工作時會做的例行活動。你可以參考一下，再建立出自己的例行步驟吧。

1. 早晨起床後，利用五分鐘左右的步行、晨練、騎自行車等運動，喚醒身體細胞。

2. 洗澡時發呆或整理思緒。

3. 專注四十分鐘，步行五到十分鐘。走路時千萬不要看手機。如果在休息時間看手機，本來五小時就能完成的事情增加到十小時，而且成果品質會下降。

4. 大腦專注五到六小時，容量就會耗盡，無法有效工作。這時要進行三十分鐘到一小時的有氧運動。打羽毛球、網球、踢足球等，獨自進行的體育運動也不錯。

5. 洗澡放鬆身體。專注力會被格式化，恢復到最佳狀態。

6. 每工作四十分鐘就到外面吹吹風或做伸展運動。

7. 工作結束後要給自己獎勵，比方：看 YouTube、盡情地吃想吃的東西，甚至看色情片。要利用多巴胺進行獎勵，只有這樣，第二天工作的時候，會下意識地想著「工作結束後有開心的事等著我」，會更好地專注在工作上。

　　動物發展大腦是為了尋找食物和打獵。如果不運動，你的大腦就會退化，反之，運動的話，大腦會發達。運動時，人類的大腦會產生一種處於「狩獵狀態」的錯覺。狩獵狀態是專注力最集中的時候。因此，當你運動時，你的大腦就會變得活躍，更具創造力。原本需要四小時才能處理的事情，一小時內就能處理完，甚至可以靠著好點子一次性獲得一年才能完成的產出。你一定要養成運動習慣。因為運動可以幫助你管理壓力、改善健康，容光煥發。你沒有理由不運動。大部分的運動都很好，但我最推薦的是「步行」。

　　「是成長還是消亡，取決於行動或不行動。身體是被設計成用來運動的。當身體動的時候，大腦也會隨之運動。學習和記憶是隨著我們的祖先用來尋找食物的運動技能而進化的。所以，從大腦的角度來看，如果我們不動，它完全沒有必要去學習任何東西。」

-約翰・瑞提醫師（John J. Ratey MD）、艾瑞

克・海格曼（Eric Hagerman），《運動改造大腦》（Spark）

　　據《運動改造大腦》的兩位作者表示，對大腦有好處的運動不是激烈運動。據說，由於激烈運動會使血液全部流向肌肉，大腦的認知功能反而會下降，輕度的有氧運動和稍微複雜的運動比較好。我個人建議適合的運動是散步，只是這個散步比較特別。也就是去沒去過的路、去新的村子。走在陌生的地方，大腦就會形成新的地圖。隨著探索新空間大腦會動員空間智能（spatial intelligence）及身體動覺智能（bodily-kinesthetic intelligence）等。作家麥可・邦德（Michael Bond）在《導視》（Wayfinding）一書中說，尋找道路的能力是人類成功的秘密，它不僅能刺激空間知覺，還能刺激抽象能力、想像力、記憶力與語言能力。所以，請去沒去過的街道走走吧。快步走二十分鐘左右，大腦的血流量會增加，對大腦會造成更強的刺激，還能獲得運動效果。

　　當我提到這件事時，一位朋友分享了一個有趣的方式，說：「我試過一個最棒的方法。」這是出現在《動機，單純的力量》（Drive）一書中的方法，那就是透過改變上班的方法以刺激大腦。例如，如果你之前是坐公車通勤，就改搭地鐵，或者花時間騎腳踏車通勤，或乾脆在相反的方向找新的住處，從那裡上下班。如果這樣應用的話，就會有很多新的通勤方法。

　　我通常是趁讀完很多書，腦中思緒還很複雜的時候，就會用這種出乎預料的事情刺激大腦。除了活動身體外，我也推薦以下活動：

◉搭上陌生行車路線的公車到終點站。

◉試著開新車。

◉挑戰新的飲食。

◉在新的道路上散步。

◉聽全新類型的音樂。

▋ 3、睡眠充足

　　當我 21 歲第一次開始讀書的時候，我看了很多關於睡眠的書，很好奇「動物為什麼要睡覺？如果人類不睡覺，會變成怎樣？」。那時我沉迷於閱讀，如果能少睡一點也沒問題，我也想那樣做。在讀了很多關於睡眠的書，綜合書中資訊後，我得出了這樣的結論：

◉絕對不能減少睡眠。有的人要睡九小時，有的人則只需要睡三小時。當一個只需睡三個小時就足夠的人寫書說「一天睡三小時就夠了」，你絕對不能相信那句話。學者們建議最少睡八小時以上，大腦才能發揮最大的效能。睡眠不足時效率最低落。

◉每個人需要的睡眠時間各不相同。你要弄清楚自己睡多久能發揮最佳狀態。很有可能在六到九個小時之間。

◉睡午覺最好控制在三十分鐘以內。睡眠分成快速動眼期

（rapid eye move，REM）和非快速動眼期（non-rapid eye movements，NREM），最好在進入非快速動眼期之前醒來。

◉ 人類需要睡眠的理由眾多，需要按照自己需求標準擁有充足睡眠，有一個最重要的原因，就是長期記憶化。人類在睡眠狀態會整理當天發生的事情，轉換成長期記憶。睡眠是優化大腦的必要行為。即使犧牲睡眠也要看更多的書？這完全是胡說八道。

◉ 如果睡眠時間不足，就無法將一天發生的事情長期記憶起來。讀過的書和學過的內容大部分都會忘得一乾二淨。在面臨需要背誦科目的考試之前，有時需要熬夜，不過在名為「人生」的長期競賽中，減少睡眠來學習是愚蠢的。你不僅會忘記一天內獲得的智慧和資訊，健康還會受損，並加速老化。

◉ 有時我們在剛睡醒或在夢中會發現問題的答案。人類的大腦如此神祕，即使在睡覺的時候，它也會繼續解決問題。所以，當我們從睡夢中醒來時，會恍然大悟，想到解答。有的人是在邊發呆邊吃早飯時，有的人則是洗澡時想出絕妙的點子。我再說一遍，睡覺並不是在浪費時間。

◉ 沒必要羨慕天生睡眠少的人。按照這樣的邏輯，只需睡三小時的人都應該成為億萬富翁，或者活到45歲的人都會比35歲的人有錢或聰明。但天底下哪有這種事？我一定會睡飽八小時，且每天都睡到很晚。我認為睡眠可以增強創意力，將當天經歷的事化為長期記憶，從而積累智慧。因此，雖然我的人生起步晚，卻能領先同齡人。

我在前面說過，肌肉運動和大腦刺激相似。第一次去健身俱樂部的初學者經常犯的一個失誤，就是疏忽飲食，只顧運動。沒替身體補充適當的營養，而大量鍛鍊的肌肉需要在休息時轉換成真正的肌肉。沒考慮到這件事的初學者埋頭運動，然後感到困惑說：「我這麼努力運動，為什麼沒長肌肉呢？」那是因為不知道攻略。如果不知道人體機制而執著於「運動的感覺」，只會傷害肌肉。前面我說過：「我每天只做三組運動，還有吃好，睡好，就能維持良好的身體狀態。」大腦也是如此。如果你透過閱讀與寫作鍛鍊大腦的話，你也應該讓大腦充分休息，讓它把所學的內容轉化為真正的知識。那就是睡眠。

　　除了讓睡眠充足外，我想推薦的是「發呆」。旅行時毫無想法地望向遠方、靜靜欣賞美麗的風景、邊抽煙邊放空、邊洗澡邊胡思亂想等，稱為「放空模式」。努力生活的人覺得啟動放空模式很浪費時間。我反對這種想法。這段時間彌足珍貴。我個人會刻意創造發呆的時間。發呆時間是幫助我整合過去一週所接觸到的資訊，或整理思緒的時間。在這段時間裡，我經常會對我一直以來在思考的問題想到絕妙的想法或解決對策。即使沒有如此，整理思緒的同時，能讓我清除不必要的焦慮，使大腦變得更加清晰。最終，它有助我更有效地進行其他思考。特別是旅行。旅行能刺激大腦，整合或組織過去累積的知識。我經常出國一到兩個禮拜。老闆總是不見人影，公司高層起先並不高興，但每次我旅行回來，都會提出創新的點子，最終取得豐碩的成果。隨著這種情況一再發生，公司高層的不滿也消失了。

　　不要沉浸在好像有努力的感覺，那不過是自我安慰。早起把握上班前的一小時固然好，偶爾也有必須熬夜的時候，但必

須判斷那是否真的適合你。人的大腦和身體是經過數百萬年進化的產物，有相應的使用方法。就像不知道攻略就無法升級一樣，如果遵循沒有根據的信念，將永遠是順理人生者。

我曾是個一事無成的人，但透過閱讀，我大概懂了什麼是「大腦優化」，並相信此一概念。比起短期利益，將焦點放在長期利益上，不停地下五子棋，最終，我輕鬆地實現財務自由。

當然，我不想拿自己和從小就天生具有「神級」基因、家庭教育完善、生長環境良好的人比較。他們能創造出的成就遠勝於我，但我並不認為大腦優化的概念毫無意義。你要知道的重點是，一定存在一種方法能讓一百人當中排名第九十四名的人上升到第二名。

「沒人能保證打勝仗，僅是擁有其資格罷了。」

——溫斯頓 ‧ 邱吉爾（Winston Churchill），第二次
　　世界大戰

Chapter 6

逆行人生者的第五階段
逆行人生者的知識

人類的大腦喜歡「簡單」，所以討厭複雜的想法，喜歡做自己習慣做的事。即使跳槽顯然能賺更多錢，我們也會因為「習慣的舒適感」，不想改變現有的生活模式。正如我在克服基因錯誤啟動中所描述的，這也是猶豫「討厭新事物的基因」所致使的。因此，過去磨刀的鐵匠終其一生都在磨刀，農夫以務農為終生志業。在過去，挑戰新工作的人更容易被淘汰。鐵匠堅持學習漁夫的工作，並不能使生活好轉；農夫突然賣起草鞋，生活也不見起色，更有可能因技術熟練度的落差導致收入減少。

　　現代社會呈現出與早期現代（Early modern）截然不同的生活面貌。現代社會體系設定越是嘗試「新事物」的人，越能獲得巨大的財富。以現在的標準假設，在過去，某位月入 300 萬韓圜（約 6 萬 9 千元台幣）的鐵匠，活在 21 世紀的現代會怎樣？此人很有可能一個月賺 5 千萬韓圜（約 115 萬元台幣）。實現財富自由。假設他利用週末時間學習新事物，如下：

◉**用一個禮拜學習YouTube剪輯技術。**

◉**用一個禮拜在電商酷澎學習銷售方法。**

◉**用一個禮拜上網路行銷網路課程。**

　　這位鐵匠笨拙地將自己製造商品的過程，親自剪輯影片上傳 YouTube，並在置頂留言放上「酷澎的商品連結網址」，還運用網路行銷課程時學會的一些行銷技巧。結果，這位鐵匠收到了來自全國各地的訂單，透過 YouTube 有了一筆額外收入，還收到了新的事業邀約。透過這一經驗，他不僅能賣刀具，還

擴大多種業務，像是替金屬領域相關專家代售，並收取 50% 的佣金。

你可能不是熟悉網路的一代或者還很年輕，因此可能無法理解上面的內容，但沒關係。我希望你大概知道「有這樣的事情」，繼續讀下去，慢慢升級就可以了。

如果你在前一章中完全改變潛意識，理解了基因錯誤啟動並實現了大腦優化，那麼現在你只剩下知識了。正如前面我一再說過的，人類是本能和基因的傀儡。因此，人們小時候所希望的「特別人生」逐漸消失，變得順應了人生。但如果你知道與本能背道而馳的知識，那你能夠過上與順理人生者不同的生活。我也透過逆行人生者的知識，每天製造差異，得以從最壞的人生轉變成「獲得全然自由的人生」。當然，成為逆行人生者並不會讓你在一夜之間獲得自由。在一年內獲得自由的機率也極低，但三年、五年、十年以後，你會和一般人有顯著的落差。現在，我要說明一下我十年間為了獲得財務自由與人生自由而學到的逆行人生者知識。

給予者理論_逆行人生者得一會還二

我有一位背後幫我處理股票的高手。我每個月會分配一定的投資金額，一年委託他約 20 億韓圜（約 4 千 600 萬元台幣）左右。他在一年內幫我增加成 30 億韓圜（約 6 千 900 萬元台幣）卻不願接受我的報答。我不顧他的推辭，送給他二輛車，

並替他支付江南新大樓的房租。事實上，這些還不到我收益的10%。他說：「自青，沒有人像你這種報答法的。有些人就算我幫他賺了10億韓圜（約2千300萬元台幣），也只給我30萬韓圜（約6千900台幣），而且不只一兩個。我啊，幫助他們，是希望他們過得好，但確實很失望。」才30萬韓圜，你相信嗎？

我自己制定了一項規則，就是白白得到的錢，要還給對方10%。舉例來說，以前朋友告訴我股票情報，讓我賺了1億6千500萬韓圜（約380萬元台幣）。我賣出股票的那天匯給他1千700萬韓圜（約39萬元台幣）。他說：「我告訴其他人股票情報，也沒有人報答過我⋯⋯你是第一個。還有人賺了5千萬韓圜（約110萬元台幣）只送了2萬韓圜（約450元台幣）的禮物。」

讀到這裡，也許已經有人說：「要是有人讓我賺10億韓圜（約2千300萬元台幣），我願意給他5億韓圜（約1千100萬元台幣）！這不是應該的嗎？」但實際上，這非常困難。如下面所說，自我意識啟動與自我合理化，會導致瞬間作出錯誤的判斷。

◉ 「雖然他幫我炒股，但那是因為我選人的眼光好啊。」（自我意識）

◉ 「反正他有億萬資產，我給他這點錢一點意義都沒有。我乾脆留著，錢滾錢，以後再給他吧。」（合理化）

◉ 「基金手續費不到百分之幾，就給他3%就可以了吧？10%實

在是太多了。」（損失規避）

這些都是人的正常反應，但站在對方的立場，會怎麼想呢？會想幫助這麼不要臉的人嗎？我給錢的時候也會覺得可惜，但我知道這種心態都來自本能的操縱，無論如何都要戰勝。結果，周圍的人都被我感動，以後有好機會就會先聯絡我。

《反叛，改變世界的力量》（Originals）的作者亞當・格蘭特（Adam Grant）寫的《給予》（Give and Take）一書中有一個有趣的主張。他把人分為三種，一是給予者（giver），一是索取者（taker），一是互利者（matchers）。

◉**給予者：願意付出的人。**

◉**索取者：只會接受的人。**

◉**互利者：以牙還牙的人。**

那麼，這些人中誰會成為最富有的人？請猜猜看。

最貧窮的人是給予者，但最富有的人也是給予者。某位創立商標公司的 21 歲男性曾匯給我 1 千萬韓圜（約 23 萬元台幣）。他為什麼要那麼做？他看到我的「零資本創業」部落格文章後，立即成立商標製作公司，在兩個月內賺進 5 千萬韓圜（約 110 萬元台幣），於是給了我 1 千萬元以表謝意。對於現在的我來說，1 千萬韓圜並不是大錢，但如果是你，會忘記這樣的人嗎？2020 年 4 月，有四個人透過這種方式賺錢後，匯給我 1 千萬表

示感謝。1千萬說起來簡單，你能做到嗎？我相信在韓國能做到的人，連0.1%都不到。兩年後的今天，這些人仍在邁向成功。他們具有與本能背道而馳的思維，在人生中絕不會失敗。

| 資產與給予和索取的傾向 |

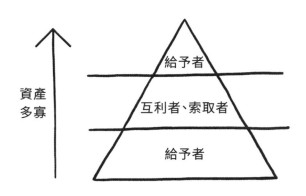

在這之前，我見過數百名年輕時白手起家的人，大部分的人都不會吝嗇花錢請幫助過自己的人吃飯或表示感謝。與人們的想法相反，富人相當節儉，有些人身家價值數十億韓圜卻捨不得坐計程車，只坐地鐵和公車。但是，這樣的人不會吝嗇支付數十萬韓圜的飯錢和酒錢。因為具有「給予者」傾向，所以才能成為富人。然而，也有相反的情況。幾年前，有個老朋友請我幫忙創業，當時我雖然不出名，身價也還算高，諮詢費預估約數百萬韓圜，但看在交情上，我無償幫助。一個月後，那位朋友說多虧我幫忙，獲得了很好的成果，所以又來找我徵求進一步的意見。我又給了他一次生意上的建議，並一起吃了飯。

但吃完飯，那位朋友站在櫃台後面。也就是說，他捨不得

166

去付 10 萬韓圜（約 2 千 300 元）的飯錢。我送走他後，對職員們說：「那個朋友不可能會成功，我也不想再見他。」他變得怎樣了呢？他的事業並不順利，我不確定他是不是在詐騙別人，不過偶爾會有受害者訴苦，告訴我：「聽說他和你關係很好，說以前是你的員工，是真的嗎？」我內心不是滋味，我從沒雇用過他，他打著我的名字到處招搖撞騙。

　　這樣的例子數不勝數。在我身邊，我從沒見過吝嗇的人能在年輕時實現財務自由。我認為判斷一個人是否成功的信號之一就是，他願不願意請人吃頓飯。因為請客行為能透漏出，這個人是否具有用短期損失換長期利益的決策能力。正如之前的五子棋理論所說，逆行人生者甘受短期損失的風險進行長期投資。連請客都捨不得的人，很難作出這樣的判斷。成功機率當然也低。為了省 2、3 萬韓圜的飯錢而失去人心的人，在日後人生的無數決策裡作出正確判斷的機率為零。

　　約莫一年前，我曾幫助過 TEMPLE 緊身褲的老闆宋妍珠（音譯）。在某採訪裡，記者問道：「自青為什麼會無償幫助您？」她答道：「企業家好像有得一就還二的傾向，所以才會成功吧。也可能是自青認為，只要幫我，他能得到很大的回報，所以才幫助了我。」這句話是正確答案。之前告訴我情報，讓我賺了一億 6 千 500 萬韓圜（約 380 萬元台幣）的朋友就是宋妍珠。我和她不止一兩次互相幫助，這樣的關係能雙贏。以我最近的事例為例，你就能理解了。我熟識一位大哥，他靠著賣化妝品創造超過 1000 億韓圜（約 2 億 3 千萬元台幣）的銷售額。那天，是大哥的生日，我送了價值百萬韓圜（約 2 萬 3 千元台幣）的螢幕當生日禮物。結果隔天那位大哥送了我價值 200 萬韓圜（約 4 萬 6 千元台幣）的電視，作為我的搬家禮物。成功的人

絕對不會吝嗇。他們會想盡辦法幫助別人，願意付出一切，具有給予者的傾向。

所以，你也要考慮成為一個給予者。在名為人生的漫長遊戲中，沒有比這更好的投資了。如果你為了賺 10% 炒股，那麼有何理由不進行這麼划算的投資呢？未必要花大錢，就算每月賺 200 萬韓圜（約 4 萬 6 千元台幣），請應該感謝的人吃頓飯不是一件難事，如果你真的手頭拮据，發揮誠意表示感謝即可，即便是一兩萬韓圜的禮物也好。實際上，一年前剛進入我們公司的一位新員工曾手寫四封信給我，我到現在仍經常拿出來看，並受到他的影響。吝嗇的人不是沒錢，而是沒誠意。

我討厭心靈雞湯、感性的話，例如：「幫助別人，最終還是會回到我身上」這種不合邏輯的話。根據我的經驗，給予者理論有其自身的邏輯原因。當兩名聰明的給予者相遇，他們會分享他們絕對不願意分享給別人的資訊，因此他們別無選擇，會一起迅速成長。

例如，我過去免費幫忙過宋妍珠的事業，因此宋妍珠完全信任我，並有好資訊的時候會與我分享。多虧如此，我在短短一週內賺了一億六千五百萬韓圜（約 380 萬元台幣）。如果我沒有做出給予行為，宋妍珠給我好資訊的機率為 0%。

另一位叫朴弘日的股民幫我免費賺進十億韓圜（約 2400 萬元台幣）。這位大哥不管想做什麼事業，我都會無償幫忙。免費提供市場行銷，安排團隊，我們的團隊發揮了「秘書」的作用。不僅如此，如果有好的資訊，我們都盡量共享。我稱之為給予者模式。

如果是生意上的交易，通常會出現「我給多少，就應該得

到多少」的心理。但當雙方成為相互的「給予者模式」，就能互相公開所有資訊以幫助對方成功。人性本貪，由於競爭心理、嫉妒之故，往往有了好資訊也不願公開。然而，當雙方都成為給予者模式的情況下，會無限地給予對方資訊。

還有一個很好的例子。在 YouTuber 室內裝潢領域排名第一，同時已成長為室內裝潢企業的「owl 室內裝潢」朴稚恩（音譯）和我也已經進入了給予者模式。我告訴他如何免費進行 Instagram Reels 行銷。結果，owl 室內裝潢的 Instagram 粉絲在短短兩個月內從一萬名增加到了五萬名。由於我的簡單建議，該企業獲得全國各地的認可，每個月從全國會收到數十件訂單，每月至少能賺進五千萬韓圜以上（約 120 萬元台幣）的淨利。

owl 室內裝潢企業朴稚恩老闆也盡心竭力支持著我。他會幫我安排與身家破億的集團總裁的晚餐，還介紹了比我更卓越的企業家，拓寬了我的人脈。如果有優秀大企業需要行銷，他會想盡辦法聯絡對方，把我介紹給對方。他努力想把我帶到好的場合，替我介紹貴人的行為，對我來說是無法以一兩億韓圜衡量的寶貴經驗。如果我們只是普通關係，就不會捨得介紹這種好的人際關係。但因為我們是「給予者模式」，所以建立了一種不遺餘力，給予對方幫助的關係。這就是超越給予與索取（Give & Take）的，給予者關係的力量。

另外，要區分並避開賺多少還多少，以牙還牙的「互利者」，與只懂接受的「索取者」。很多時候，僅憑外表難以識別他們，一不小心就把真心錯付在索取者身上。記住，金字塔底部有一個「像傻瓜一樣的給予者」。據我過往觀察來看，索取者和互利者常做出不道德的行為，如：缺乏同理心、過度自

我合理化，或是為別人帶來損失等。觀察一個人如何對待比自己弱的人也是個好方法。

在難以判斷時，我經常使用一個簡單的技巧：先給予。然後，我會觀察對方是否也會表現出給予模式。如果對方認為接受是理所當然的，那他就出局了，但如果我看到對方展現出給予者模式，我就可以確信對方是一個聰明的給予者，並與他保持良好的關係。當你的等級高的時候，周圍就會有很多給予者；當你的等級低，周圍會有很多互利者和索取者。最初，我們可能沒有看人的眼光，因此要先練習成為給予者，結識各種各樣的人。透過下面提供的兩種練習，能讓你更接近給予者。

◉記住在過去的一年，你做了哪些給予的行為。闔上書出去散步十分鐘，陷入沉思也不錯。

◉透過通訊軟體Kakao talk，送禮物或匯錢給最近對你人生影響最大的人。或是如果對方遇到了困難，你就按自己的想法寫下解決方法發給對方。

機率遊戲_逆行人生者只對機率下注

人類傾向思考損失遠勝於利益，如前所述，心理學將此稱為「損失規避」（Loss aversion）。簡單地說，原本每月賺 1 億韓圜（約 230 萬元台幣）的人，賺到 1.5 億韓圜（約 340 萬元

台幣）也不會太高興，但如果每月收入只有 9 千萬韓圜（約 207 萬元台幣），就會感到不安，甚至心理受到打擊。如果收入減少一半，儘管不會影響到財務自由，但大腦會宣佈進入緊急狀態。也就是說，人類對損失的反應比利益敏感得多。這也與進化有關。在糧食充足的情況下，不會影響生存，反之，食物逐漸減少，不利於生存和繁殖，大腦就會變得焦慮、感到壓力。損失規避是人類非常自然的心理機制。

實際上，迴避損失的傾向在現代社會是用不到的。這只不過是基因錯誤啟動而已。我們無論如何都不會餓死，但原始本能會嚇唬我們，誘使我們作出愚蠢的決定。以撲克牌遊戲為例。成為撲克牌高手的方法很簡單，不受情緒影響，看準機率下注就好了。例如，如果勝率為 55%，你可以克服對迴避損失的恐懼並下注。如果你下注時只看期望值，你很可能會輸掉特定牌局，但從長期來看，你一定會是贏家。人生也是一樣。如果能克服損失規避進行下注，即使賭輸了，只要想「我做得很好，只是機率不是人所能控制的」就可以了。

你認為人生是什麼？我把人生視為一種遊戲，所以我才在這本書提出逆行人生者的人生攻略概念。不過人生這個遊戲有點獨特，是出生時登入，死後才登出的超漫長遊戲，且中間不能隨意放棄，也不能突然換隊。有人看似初期大獲成功，幾十年後卻一敗塗地。也有像我一樣相反的情況。這就是它有趣之處，也是困難之處。

作為超長期遊戲，人生有幾個特點。你要不斷地和周圍的其他玩家交換一些東西，讓遊戲繼續下去。另外，並非只有一

方單方面奪走另一方的東西，有時會出現雙贏，有時兩敗俱傷。這種遊戲被稱為「非零和賽局（non-zero sum）」。簡單地說，就是很難立刻知道你與對方遊戲結果。這是一場漫長又複雜的遊戲。

在人生中，無論何時做決定都不簡單，因為無法確定結果。因此，我想和「給予者理論」一起告訴你的就是「人生是一場機率遊戲」。機率遊戲理論是能讓逆行人生者在每一刻都作出正確選擇的工具。

我 27 歲時和朋友們玩撲克牌。以前去校外教學時，我和同學們玩牌的時候，總是我贏，然而這次我第一天就慘敗。是恥辱性的失敗。自尊心受挫的我因為好勝心，去圖書館看了三本撲克牌相關的書學習撲克牌必勝攻略，就像小時候我和朋友們玩遊戲時偷看攻略一樣。

之後我與朋友們再次交手，我當然贏了。他們都是玩撲克牌超過 5 年的人，身為新手的我卻贏了，我深切感受到書的力量。祕訣是什麼？很簡單。勝利的祕訣是不涉及個人情緒，僅用撲克知識與機率觀察牌面。舉例來說。大多數人玩撲克牌時會犯以下錯誤，而這與人生中犯錯的模式很相似。

◉ **不想輸人，不想丟臉，為了壓倒對方，堅持賭到最後（自我意識保護）。**

◉ **想著只要我贏了這局，就能大賺一筆，沉浸在一定會成功的幻想中，不考慮輸了的情況（一廂情願的損失規避）。**

◉ **「我輸這麼多次了，這次一定會贏」（賭徒謬誤）。**

●輸了好幾次，氣到失去理性，不計算勝率，全憑感覺下註（不再是玩機率遊戲，而是玩情緒遊戲）。

　　如何？和我們常做出的錯誤判斷相似吧。當我的朋友們被這些情緒左右而下錯決定時，我客觀地計算了牌局的概率。例如，如果勝率為 55% 左右，我就直接下注。即使以 55% 的勝率來看，對手也有很大的獲勝機會，然而輸了，我也不會動搖。我會覺得「我下得很好」，贏的時候也不會太激動，只會讚美自己的冷靜下注心態。剩下的就由時間來解決。就像在賭場下注靠著僅領先 0.1% 的勝率賺大錢一樣，我也藉由微小差異慢慢地領先。

　　人生也是一樣。如果你的決策能力比別人高一點，那麼在人生中數百次的決策中，你作出好的選擇的機率將會更高。一次次正確決定的人和一次次的錯誤決定積累下來，將會產生巨大的差距。只要能比別人多作出 5% 的好決定，你的人生將別無選擇地走向成功。因為人生是一場無止盡的反覆遊戲。

　　我們每次決定時都會受到憤怒、渴望、自尊心和本能的妨礙。實際上，人類極度近似動物，容易情緒化。人類擁有計畫未來的大腦的時間還沒多久，尤其是在緊迫危機下，原始基因會助長情緒上的行動，像是假設股市暴跌。理性的大腦會說：「你只要撐過這段時間就行了。耐心等待！」但是，爬行動物的大腦卻下達了更強烈的命令：「喂，現在不賣的話，你的人生就完了，快賣！」結果和過去千篇一律的經驗相同，你明知不要看股票，不要被動搖才是對的，卻始終賠本賣掉手頭股票，然後後悔莫及。

人生也要理性決定，你才能獲得最終勝利。我在前面強調要消除自我意識，優化大腦也是因為如此。我們的基因被設定成對損失特別敏感，你要冷靜審視自己，不要因為被克魯機誤導，作出錯誤的決定。要用新哺乳類動物腦壓制爬行動物腦和古哺乳類動物腦。因為人生是無止盡地選擇和決定，人生中有太多機率遊戲的例子。

機率遊戲事例 1

在退學之前的兩年，我執行22策略，持續專注閱讀和寫書。我認為這種行為比考多益、認真學習大學專業與就業知識的「期待值」更高。所有白手起家的人都認為準備多益和認真學習的行為是讓大腦複利發展的方法。當然，每當周圍的人問我：「為什麼只閱讀，卻不準備多益？」，我都會感到不安。不過，我決定賭機率。最終在開始閱讀四年後，也就是我 25 歲時，我和朋友合夥，達到月收 3 千萬韓圜（約 69 萬元台幣）。這是透過機率遊戲違背本能所帶來的結果。

機率遊戲事例 2

我剛開始經營 YouTube 時非常擔心，「如果網路酸民捏造的假消息影響到公司怎麼辦？我必須要負責員工的生計……如果我過去取得的成果都被酸民毀了怎麼辦？」但無論我怎麼評估，開設 YouTube 都是「利大於弊」。如預料，多虧了 YouTube 讓我結識了志趣相同的人，升級到更高階的聯盟，並且吸引了無數人才加入我的小公司帶來了利益。我明白了本能的恐懼是由於基因障礙，因此決定向「機率遊戲」下注。

　　不久前，我去土耳其旅行了兩週。因為現在公司有一百多名員工，所以我心情很沉重，「要是他們以為我自己一個人玩怎麼辦？如果覺得老闆不工作怎麼辦？」但我認為這樣的擔憂源自人類的「聲譽敏感度」。因為人類進化為 100 人左右的集體社會時會覺得「內部評價」非常重要。因此，有些人被排擠後會產生自殺的衝動；被酸民鍵盤留言攻擊會受到嚴重的心理傷害。知道這件事後，我認為「只要我回來時是有進步的就行」、「只要我能提出絕妙的點子就行」。結果，我認為「發展的預期值」高於聲譽下跌，因此我還是去了土耳其。

　　想要玩好機率遊戲，必須以「逆行人生者的七階段模型」為前提，要檢視你不舒服的情緒是否源於自我意識，或是現在的心態是不是源自基因錯誤啟動或被束縛的自我認同。而且，當認為勝率高時，你就應該「下注」，並不受結果左右。即使輸了也要誇獎自己。不管作何選擇，都不要糾結於因機率而失敗的結果。把遊戲繼續玩下去，專注於違背本能。如果在玩機率遊戲，請記住以下問題：

◉ **最近的決策是否遵循了機率遊戲？還是受到了損失規避的影響？**

◉ **人生中玩過哪些成功的機率遊戲？請寫出三到四行。**

泰坦[1]的工具_違背烙印在基因裡的匠人精神吧

正如我在第一章所說，我不具任何優勢、處於劣勢，但我仍舊實現財務自由。祕訣是什麼？那就是我違背人類對「工作」的本能。人類的原始設計是專注於一項專長，一直做到死去。過去的鐵匠一生只打鐵，農民也靠著習得的知識，做一樣的工作到死，這就夠了。然而，在現代，你只有和命令你「只做一件事」的大腦的命令背道而馳才能獲得自由。你需要的不是做好一件事的技巧，而是掌握三到四項淺薄的技術。我在閱讀斯史考特・亞當斯（Scott Adams）的《我可以和貓聊一整天，卻沒法跟人說半句話》（How to Fail at Almost Everything and Still Win Big）時，領悟到箇中訣竅。

史考特・亞當斯經歷過無數次失敗，後來，他靠著漫畫《呆伯特》（Dilbert）大受歡迎。《呆伯特》在全球兩千多家報紙上連載。他如何實現這種成功的？是因為他的繪畫實力高超嗎？只要搜索「呆伯特」」就會知道，那不是個需要高超的繪畫實力的漫畫，那只不過是諷刺職場生活的報紙連載漫畫。那是他運氣好嗎？不是。看過漫畫就會知道，它擅於捕捉現實，每個上班族讀者被它逗得呵呵笑。這就是核心。亞當斯不是畫得最好的人，也不是一輩子為公司奉獻的人。他的能力只有 B 等級。然而，當他把這些能力都結合在一起，他成了「職場漫畫之神」。《我可以和貓聊一整天，卻沒法跟人說半句話》原文版書名是「在大部分事情上失敗後也能取得巨大成功的方法」（How to Fail at Almost Everything and Still Win Big）。

1　作者借用《人生勝利聖經》的原文版書名「TOOLS OF TITANS」。

還可以的繪畫實力+練出來的幽默+工作與事業經驗

= 0.01%的特別存在

　　這就是人生攻略的祕密。想在某個領域成為排名前 1%，就需要天賦和努力相結合，但只要努力，任誰都能成為前 20% 左右或 B 等級左右的實力。如果你能集齊好幾件 B 等級的武器，就可以變成不可取代的人。我們無法在學習領域排名前 0.1%，運動或藝術領域也不可能成為排名前 0.1%，那是天才的境界。然而，普通人如果能蒐集泰坦的工具——強者的成功經驗，便可以把前 20% 的幾項實力加在一起，變成能戰勝 0.1% 的鬼才。

　　以我為例，我寫作功力不及專業作家，經營公司能力也不及大企業的會長，經營 YouTube 也不及其他的百萬訂閱者 Youtuber 一樣。現在長相比以前好看很多，但也不到特別帥的地步。身材也是還不錯而已，無法與健身教練或模特兒相比。儘管如此，我還是靠著最少的影片數，在心理勵志 YouTube 頻道領域累積了 16 萬訂閱者。這是因為世界上有很多比我更會經營事業、更富有、更聰明、更能言善道的人，但很少有人把這些不好不壞的能力結合起來，經營心理勵志與商業的 YouTube 頻道。

　　在我早期的 YouTube 影片中有一段叫「泰坦的工具」。在那支影片裡，我解釋了我開始 YouTube 的原因。我說：「我不知道 YouTube 是什麼，不懂設計，不會拍攝。但僅僅是嘗試開設 YouTube 頻道的行為，就能讓我成為排名前 1% 的 Youtuber；僅僅是剪輯一支影片，我就能成為全國剪輯影片的人

的前 1%。」

最終我蒐集到一樣「泰坦」的工具——YouTube，並與我現有的工具相結合，成立了兩家公司，「Rising YouTube Consulting」與「YouTube Editor」（YouTube 影片剪輯公司）。出版這本書後，我打算將公司業務領域擴張到智慧商店和製造業等領域。我這麼做並不是為了賺錢，而是我知道將新武器與現有知識相結合會產生巨大的協同效應。

只有兩三樣泰坦的工具不會發揮力量，但聚集 5 樣以上時，威力會增加數倍。以下我要介紹一下能立即發揮效果的泰坦工具。如果學會，你馬上就能賺錢。當然，不一定非得是這些東西，要是有十幾種打工經歷，或在東大門工作也會有幫助。但是，正如前面所說，前提是要閱讀與打工領域相關的書籍，或身體力行 22 策略。

▌ 1、網路行銷

即使只是知道有哪些網路行銷，也能有很大的幫助。經營事業一定會遇到一件事，就是要推銷自家商品，只要你了解代表性網路行銷手法就能拓展業務，獲得好點子。最好的方法是閱讀相關書籍。不需要花太長的時間。如果連這些時間都捨不得花的話，就在谷歌上搜索「網路行銷」，應該會出現我寫的文章（在 Isanghan 行銷官網），閱讀那些文章也能有所幫助。

（1）部落格行銷

我沒有花半毛錢在廣告費上，只透過部落格行銷就讓大部

分事業獲得成功。Atrasan 和 Isanghan 行銷光靠部落格行銷就創出 1 億韓圜（約 230 萬元台幣）銷售額。因為是內容（content）事業，所以大部分銷售額都是淨利。真正令我鬱悶的是，人們把部落格視為「過時的玩意」。很少人像我一樣透過 YouTube 行銷賺到錢。我創立了 YouTube 諮詢公司和 YouTube 編輯公司，還寫了關於 YouTube 演算法的書。即便如此，我依然認為部落格才是最好的。比如說，我開的 Isanghan 行銷公司，替一百多家醫院和律師事務所進行部落格行銷。每月行銷費要 400 萬韓圜（約 9 萬 2 千元台幣）以上，但是因為與費用相比，賺得的利潤更大，所以 97% 以上的人會續約。我的表弟也是一名創業家，四年多來月收入都沒能突破 600 萬韓圜（約 13 萬 8 千元台幣），但當他懂得部落格行銷之後，每個月都能賺 4 千萬韓圜（約 92 萬元台幣）。他每個月會匯給我 600 萬韓圜（約 13 萬 8 千元台幣）表示感謝。

關於部落格行銷的學習方法別無其他，讀十本相關的書。我也讀了十本書，吸收那些書共同強調的重點。僅此而已，卻出乎意料地簡單。如果沒空，你可以在線上課程平台 CLASS101 聽我的部落格相關課程，或在 CLASS101 網站上搜索「金組長」（他是我的 Isanghan 行銷的初創期成員），或者在許多線上授課平台都有部落格行銷相關課程，我推薦可以去聽一聽。如果真的沒時間或沒錢，連這個都做不到的話，我最後給你一些祕訣吧。

◉ **在標題寫上你想掌握的關鍵字，例如，如果你經營「安山健身房」，可以將這個單詞寫在部落格題目中。「安山健身**

房」就是你的關鍵字。

◉ 把你想攻占的關鍵字在部落格文章裡寫五次。就這樣。真的只需要做這些。

　　只要經營好一個部落格，個體戶也能月入 1 千萬韓圜（約 23 萬元台幣），或成為該社區銷售第一的店。健身中心、皮拉提斯中心、馬卡龍店、按摩店或手機維修店等，許多行業都是如此。雖然也有以服務和品質競爭的小店，但大部分商店都沒把腦筋動到部落格行銷這塊上。在這種情況下，只要「反覆寫五次關鍵字」就能超過競爭對手。相關進階技巧，我寫在我的部落格上。

(2) instagram 和 YouTube

　　和前面一樣。你要聽相關講座並閱讀，理解「原來這一行是按照這樣的模式運行」，且搜尋能增加粉絲和訂閱者數的內容製作方法、贊助廣告、YouTube 廣告等。即使你並不打算馬上經營它，不過只要提前了解，就能在某瞬間冒出厲害的點子。一旦學會了這些知識，再花一兩年的時間，結合其他知識，點子就能源源不絕。另外，要申請相關的實體課程，或翻閱幾本相關書籍。一開始，可能不了解課程或書在說什麼，但只要看過一遍，就會逐漸產生興趣，理解度也會隨之提高。

(3) Naver 智慧商店

　　你也不需要太了解智慧商店，只要觀看相關課程、書籍、

YouTube 影片，並跟著做就可以了。這樣做當然不可能讓你馬上賺錢，但在蒐集泰坦的工具過程中，會想出要怎麼應用的點子。有很多智慧商店相關課程。在 CLASS101 上還有無數的專家都開設了課程。

▌ 2、設計

設計也是高 CP 值的技術之一。如果你覺得範圍太廣，我推薦你學網頁設計。學完後，可以應用在 PPT、YouTube 影片縮圖、instagram、部落格、商品細節介紹網頁，以及網站等地方。如果你才 20 歲出頭，上完網路設計課程之後，可以透過自由工作者接案平台，如 kmong，邊接案邊培養專業能力。一旦學會設計，很多方面都派得上用場。

實際上，某位 20 多歲的學員聽了我的「零資本創業」講座後在設計領域獲得了巨大成功。他本對設計一竅不通，只是遵照零資本創業理論，如今每月能賺進 3 千萬韓圜（約 69 萬元台幣）的淨利。他的公司 Grida 獲得了接案平台 kmong 2020 年大獎。

另一個例子是一位 25 歲的女性，她做的是辛苦謀生的貼紙生意。我告訴她：「妳有設計實力，創辦一家商標公司吧。」於是，她成立了商標公司，短短一年又開了一家設計代理公司 Herue-lab，擁有了十五名以上的職員，每月淨利有 3 千萬韓圜（約 69 萬元台幣）。除此之外，她常到我經營的咖啡廳和酒吧，告訴我：「很感謝你，我因為創立商標事業，獲得了自由。」

為什麼在設計領域能出現這樣的成功事例？因為那是企業

家很難進入的領域，而大多數設計師缺乏生意頭腦，因此沒有競爭對手，只要有一點設計實力和經商手腕，就能創業成功。這是典型的「蒐集三項 B 等級實力」就能開拓的市場。

▌　3、影片剪輯技巧

影片剪輯技巧也可以廣泛應用。這項技術一樣不需要花很長時間，只需兩到三天，就可以利用剪輯應用程式，輕鬆體驗影片剪輯。我使用 KineMaster 應用程式進行簡單編輯，趁機蒐集到另一項泰坦的工具。假如有時間，花一到兩週，短期學習也好。如果你想學得更進階，自己經營 YouTube 或幫熟人經營 YouTube 也是一種方法。不管以後是不是要把 YouTube 頻道交給專家經營，多少一定要懂一些。以我為例，我制定了「星期日吃完午飯，學兩小時」的計畫，只學習了三次，我找到了剪輯的手感，在委託他人經營時，我也能提具體要求。結果，我的 Youtube 頻道「自青」爆紅。

▌　4、PDF書籍製作與銷售

最近掀起了製作 PDF 書籍的熱潮。我的公司 pudufu 靠著賣29 萬韓圜（約 6 千 600 元台幣）的書，每月獲利 5 千萬韓圜（約115 萬元台幣）。目前在不同領域共銷售六本 PDF 書。六本 29萬韓圜（約 6 千 600 元台幣）的書，一天賣兩本會怎樣？每月平均能獲得一億韓圜（約 240 萬元台幣）淨利。《超思考寫作》PDF 書在一天內就創出 2 億韓圜（約 460 萬元台幣）的銷售額。這本寫作書已經成為了一個長期獲利產品，僅透過口碑，每天

能賣出十本，每月賺入高達一億韓圜（約 240 萬元台幣）的巨額利潤。此外，經過多次更新，它已經成為一本更完整的 PDF 書籍。這對普通出版物來說，是做夢也想不到的利潤。

　　一般來說，如果透過出版社銷售書籍，假設定價是 1 萬 5 千韓圜（約 340 元台幣），那麼作家會得到 10%，即 1 千 500 韓圜（約 34 元台幣）。如果是默默無名的作家，版稅會較低。然而，如果作家自己製作 PDF 書，直接銷售，定價 1 萬韓圜（約 230 元台幣）的書，哪怕每天只賣十本，每個月也能獲得 300 萬韓圜淨利（約 6 萬 9 千元台幣）。這當然不容易。但 PDF 書的優點是每個人都能嘗試，而且回報率高。正因這些優點，近來 PDF 書的販售和購買開始變得流行，可惜宣傳和支付非常不便。為了消除不便，我才開設了 PDF 書籍平台 pudufu。這也是應用了「五子棋理論」和「泰坦的工具」而開始的事業。電子書平台 Pudufu 設立了出版社，正在發展為內容公司。

▌　5、程式設計

　　我最大的遺憾之一就是沒有學過電腦程式設計。寫這篇文章的時候，我甚至想過「我是不是應該去上幾個月的課」。程式設計是泰坦工具中最強大的武器。如果參加訂閱者聚會，你會遇見一群 20 歲出頭的朋友，他們每月能賺進數千萬韓圜淨利，而其共同點是他們都會程式設計。

　　這一點只要看一下二十一世紀的新貴們就能懂了。市值最高的新興企業全都是 IT 企業。每個創始人都會寫程式。程式設計能力之所以佔優勢是因為能無限複製。在製造業中，有很多問題是無限重複的，如：原材料採購、庫存管理、員工管理與

生產管理等。如果產品出現了問題，就應該直接進行回收。這些浪費會消減掉利益，縱然銷量增加，利潤率照樣無法呈幾何級數成長。但是，IT產業沒有這些缺點。所以遊戲產業或金融科技產業才能展現驚人收益率。啊，我寫這篇文章時下了決心，我要學程式設計，再多收集一樣泰坦的工具。

你沒必要被上述介紹的「強力」武器嚇到。如果是我，我會安裝「實體教育平台的應用程式」（如onoffmix等），或報名一次速成班。一天課程也好，每週一次，為期四週的課程也很好，或在NAVER「黃金知識」論壇，組起相關的讀書會也不錯。試和不試有著天壤之別。

後設認知_主觀判斷是順理人生者的專利

大部分人無法獲得自由的原因是缺乏「判斷力」。因為自我（ego），大部分人是主觀地判斷，這也是被本能所左右，依循命運隨波逐流下的結果。接下來，我想談一談逆行人生者知識中的關鍵「後設認知」（Metacognition）。只要有受過一定教育的人，應該都聽過後設認知一詞。令人好奇的是，這個概念不過幾年前還鮮為人知，突然流行的原因為何。眾說紛紜，但很少有人能正確定義之。更重要的是，沒有人能具體說明如何培養這種能力。後設認知的概念和重要性的相關介紹還停在粗淺介紹階段。

簡單來說，後設認知意指客觀地了解自己目前狀況的能力。

舉例而言，假設你是有拿 1 億韓圜（約 230 萬元）年薪價值的人（客觀事實）。但是，每個人的判斷可能不一樣。有人可能會誤以為「我的年薪至少該拿 2 億韓圜（約 460 萬元台幣）」，也可能有人認為「我只有拿 5 千萬韓圜（約 115 萬元台幣）的價值，我拿太多了」。如果你的年薪是 1 億韓圜，你也認為「這就是我該拿到的數字」，這代表你具有優秀的後設認知能力。像這樣，客觀判斷自己的能力，就叫作後設認知。

後設認知是一種奇妙的能力。因為這不是很會算數學、擅長記憶或運動等的能力，而是「了解自己能力高低的能力」。因此，很多人說後設認知的重要性超過任何智能。這是因為後設認知是一種難以獲得的綜合能力。要想擁有這種能力，需要具備高智商、自我意識解體、迴避基因錯誤啟動、透過反覆執行以避開試誤、分析能力等綜合能力。不覺得在哪裡聽過這些能力嗎？這些都是逆行人生者所具有的能力。

通常在解釋後設認知時，會將其定義為「知道自己是否知道某事的能力」。而我所認為的後設認知是擴大此一範圍，「客觀看待自身能力的能力」。如果有優秀的自我客觀化能力就能全面提高決策能力。因為你知道自己哪方面不足，會努力去彌補那一方面，自然而然會得到進步。你不需要費力尋找激勵因素（Motivation），更不用在莫名其妙的地方白費力氣。就像優秀的運動員身邊有優秀的教練一樣，自己找出自己的不足之處並加以磨練，人生必然會進步。

但是，大部分順理人生者卻正相反。他們會誤以為「我早就都知道了」，或低估自己說「我做不到」。這就是著名的鄧寧—克魯格效應（Dunning-Kruger Effect）。鄧寧—克魯格效應

指頭腦越差、識越淺薄的人，越因無知而有自我優越感，反之，有實力的人卻過於謙虛的現象。在我 20 幾歲之前，我的後設認知能力很差；從 20 幾歲到年近 30，我具備了一定程度的後設認知能力，但還是不夠，所以公司才會倒閉或被人搶走。歷經艱辛後，到了 30 歲，隨著後設認知的提高，我幾乎不再出現失誤，所有的決策都是正確的。就我的例子來看，後設認知並不是能在短期內升級的能力。

那麼如何開發後設認知呢？我對這一部分也很好奇，所以查了很多書和資料，但發現後設認知的方法模糊不清，所以想分享我個人的看法。要想提高後設認知，需要做兩件事，就是閱讀和執行力。

讀到這裡的人就會說：「又是閱讀嗎？」我就長話短說了。我認為書的重要性怎麼強調都不為過。讀書可說是遇見每個時

| 鄧寧—克魯格效應 |

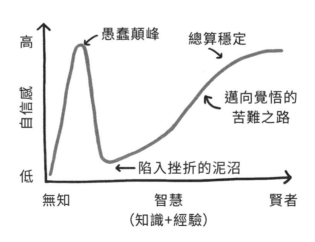

186

代菁英的方法，所以閱讀時，自然而然地會變得謙虛，並清楚了解自己的水準，能迅速走出因無知帶來的自信心巔峰。閱讀是明確地了解自己知道什麼和不知道什麼的方法。自我意識過剩的人不閱讀，就會認為自己很優秀變得傲慢自大，而那種人作出的決策大多是愚蠢的，且一無所獲。他們會缺乏謙虛的理由很簡單，他們在自己的想像中會無限合理化地說「我很聰明」。

另一種提高後設認知的方法是實踐。不管讀多少書，不實踐就無從知道自己在世界上的地位。閱讀會產生毫無根據的自信心，誤以為「我是唯一知道這麼多知識」。讀萬卷書的「假聰明」就是這樣誕生的。讀書能增長知識，加深思想深度，但它無法立刻提高對現實的判斷力，所以要透過實踐驗證假設，看自己的判斷是否正確。

那麼，如果有個人在閱讀趨勢相關書籍後，奠定了基礎，充滿信心地開始創業會怎樣？一開始，他因為自己吸收了所有的知識，自信滿滿，可想而知，大多數都會慘遭滑鐵盧，到了這時，他才曉得自己是多傻多天真，此時的震撼會提高他的後設認知能力。比方說，我 21 歲第一次開始閱讀時，當時所有科目都是五到六等級之間的我，制定了一個荒謬的目標，那就是考進首爾大學社會科學學院。因為我在幾個月裡讀了數百本書，誤以為自己是最棒的。結果不用說，大家都知道。你應該思考一下，為什麼有人讀了數百本書依然很窮。沒有實踐和挑戰，光讀書是毫無意義的行為。這等於是在沒有得到教練反饋的情況下獨自運動一樣。

我喜歡創業，不只是為了錢。因為事業是我能親眼驗證判

斷力的方法之一，所以非常有趣。我去學校學習哲學時，因為學到的知識毫無用武之地而感到鬱悶。無論多認真討論，只要對方提高音量，展開防禦機制，就很難知道我的論點是贏是輸，也沒有裁判。我看電視節目「一百分鐘的討論」（100분 토론）時常常想，「所以誰的論點贏了？」心理學和哲學沒有正確答案，只要固執己見，精神勝利就夠了。

但是事業不同，可以驗證「如果用 A 項目進行 B 的行銷，就能賺到 1 億韓圜（約 230 萬元台幣）」的想法是否正確。現實結果能確認我所預測的是否真的正確。任何辯解都行不通。如果預測錯了，就會成為我反省自己不足之處的契機。在這個過程中，後設認知能力會提高。事業的現實結果嚴屬地判定我的想法是不是妄想。

我並不是說你一定要創業。如果你要參加某種考試或正在從事某一項工作，你要設定目標，並預測結果。也就是說，不要只在腦子裡充滿自信，要制定具體的目標後再實踐。如果你認為你一定能通過考試卻失敗的話，你可以回顧準備考試過程出了什麼問題。如果你是上班族，你要告訴周圍的人你的目標，並努力實現目標。無論結果超越預期或失敗，當你做一件有實際結果的事，你的後設認知就會上升。

忘掉書和網路上說的「提高後設認知的方法」吧。你要自己去碰撞，從過程中，認識到自己是多麼微不足道的存在，從而優化大腦。不要單純沉迷於書本中，活在觀念中，而要透過實踐，經歷失敗，準確掌握自己正在哪個位置。這是提高後設認知能力的最佳方法。

執行力等級與慣性

我認為實踐力也有等級的。有出生時實踐力特別強的人，他們的控制裝置錯誤啟動，所以他們能不假思索地去執行每件事。但 99% 的人不一樣。要從一級開始慢慢提高實踐力。正如我多次說明的一樣，基因和本能讓人害怕做不熟悉的事情。錯誤啟動的原始基因不斷耳語著：「如果做不熟練的事情，你會死的」、「失敗的事例多得是！你現在這樣已經很不錯了吧？」

我之所以如此強調執行力，是因為很少人會付諸實踐。正如之前我解釋克魯機時所說，人類就是這樣進化的，因此，你不必因為自己的行動不足而氣餒。那是人類的本能，特別是，不需要看到 YouTube 和雜誌上的人就感到氣餒，說：「積極向上的人那麼多，我到底在做什麼？」他們是不安現狀的人，和普通人不一樣。雖然他們有時看起來搞笑或低俗，但他們的執行能力是名列前茅。不能把他們和自己比較，因為他們已經取得了成果。

其實我的實踐力也很差，做事老愛拖拖拉拉。因為我一樣是受原始基因支配的人。即便如此，我刻意讓自己意識到基因錯誤啟動，並開始實踐，最終走上了人生的捷徑，獲得了金錢，時間和成功的自由。

以下是我約末一年前寫的部落格文章。這篇文章中包含培養實踐力的方法。實際上，很多人看到這篇文章後，已經成為擁有 1 萬多名訂閱者的 YouTuber。

我要用一分鐘來證明人生如此簡單的理由

我會在一分鐘內改變你的人生，我有信心。歸根究柢，我相信只要找到幸福生活的方法，錢自然會跟著來。最重要的是實踐力。人們說賺錢難，但在我看來，很簡單。而且，在人生中走在別人前面的方法真的很容易。現在開始，你完成我給的三項課題吧。每件事最多只需要二十分鐘。我敢保證，只要你能做到這一點，你的人生將發生天翻地覆的變化。

1. 開一個部落格，隨便寫一篇文章（設定二十分鐘的計時器再開始）。

2. 開設一個YouTube頻道，隨便上傳你手機裡一支影片（同樣設定二十分鐘的計時器再開始）。

3. 如果你不喜歡1和2，那你就再做一件最近感興趣的事（閱讀二十分鐘之類）。

來，你做了嗎？大概沒有。這並不值得驚訝。一百個人看了這篇文章，有九十九個人連一項都做不到。你知道這意味著什麼嗎？只需要二十分鐘的事，人們也不願意做。所以人生真的很容易。

每一百個人中就有九十九人是被金錢所驅使，或受到他人督促或處罰時，才會行動。這是因為人

類只能按照本能和遺傳基因的命令生活，因此，大多數人都無法擺脫平凡，貧窮又不幸。能主動實踐某件事的人是鳳毛麟角。因此，實踐力強的人在人生這一遊戲中，能輕鬆獲得財務自由，真正的自由。

一百人中總有一個人總是主動的。這個人在別人沒有叫他做事的時候，實踐了某件事。如果你能反覆執行十次、一百次的這種決定與實踐力，並獲得慣性，你的人生就會變得非常容易。一旦有了一次實踐力，慣性就會讓你反覆地執行。就像你早上起床會自動去洗臉、洗頭一樣，實踐成了一種習慣。

你要執行我剛才給的三項課題，但你的生活不會因為一個小的行動，在未來一年內發生戲劇性的變化。但如果你連第一次轉動輪子的最低限度的實踐力都沒有的話，你這輩子都不會改變。第一次很難。因為99%的人不會這麼做，即使只做一件事，你就是邁出了最艱難的第一步，並且獲得成為排名前1%的實踐力。

好，現在如何？多虧這篇文章，我想一百人中會有三、四個人行動起來，但看到這篇文章的大多數人仍然會乾瞪眼，繼續說：「沒有獲得財務自由的方法」、「以後再做吧……」、「我做不到……」。你的自我意識會妨礙你吸收新想法。

「我身邊有很多寫部落客和拍 YouTube 的人，但他們一樣很窮。」

「現在就做有點那個，明天再說吧。」

「寫這篇文章是騙子吧？我不相信他真的有錢。我才不會按他說的做。」

千萬不要用這種廢話自我合理化。你要繼續當本能的傀儡嗎？閉嘴，行動起來吧。想報答我的人們，共同點都很簡單。他們毫無藉口地，按照我說的做了。這些都是二十分鐘就能完成的事，怎麼這麼多藉口？如果你目前沒有實力，就別開口，培養習慣去無條件地「實踐」不需要花費很多時間的事。想獲得財務自由？那麼，今天無論發生什麼事，你都要擇一執行我部落格文章中所給的三項課題。實踐的人和不實踐的人將走上完全不同的路。

「如果找不到睡覺時也在賺錢的方法，那你就等著工作到死吧。」

——華倫・巴菲特（Warren Buffett）

Chapter 7

逆行人生者的第六階段

獲得財務自由的
具體途徑

好，現在該賺錢了。如果你沒有打下前面所說的基本功，即便我告訴你賺錢的方法也沒有用。因為自我意識會妨礙你，你沒有足以學習知識的智慧，並被遺傳錯誤啟動所矇騙，將在機率遊戲中屢屢失敗。反之，如果你現在具備了所有的基礎肌肉，就該進入「實戰」了。無論你的頭腦多麼聰明，心態多好，不懂「技術」，到達自由的時間必然有所延遲。

　　我猜有人會問：「到底什麼時候才要告訴我怎麼賺錢？」、「不能直說嗎？」在我看來，這樣的問題無異於一個沒有肌力的人說：「讓我今天立刻舉起一百公斤！」儘管如此，我在這一章還是會告訴你方法。具體來說，我想告訴你獲得財務自由的公式。不管你是大企業的高層，還是沒有任何學歷與經歷的勞工，還是無業遊民，都沒有關係。考慮到所有的可能性，我打算告訴你一門實現財務自由的「科技樹」（Tech-Tree）[1]。

　　C羅、梅西等頂級足球選手從小天賦異稟，但他們開花結果的全盛期，並非「開始踢足球後的一年」，而是「開始踢足球後的十五年」。要像他們一樣擁有出神入化的球技的方法如下：

　　　1、增強基本肌力。

　　　2、將足球技術分為十五種，每天進行練習。

　　　3、透過實際參加足球比賽，確認自己的訓練方法是否正確（實踐）。在比賽中透過屢次的失敗，確認自己的極限（後設認知）。

1　在遊戲領域中，用圖像呈獻的玩家升級方向的可能選項，通常以樹狀結構呈現。

4、回到第一點。重複數年相同過程，實力就會
持續提高。

　　獲得財務自由的過程也和上面一樣。如果有人說：「我不
想做任何練習，想直接成為足球選手。」你會相信這句話嗎？
不增長肌力、不練習，突然擁有精湛球技的機率為0%。賺錢也
是如此。能不付出任何努力就能成為足球選手的方法，只有偽
造「記錄」。在金錢世界裡能一夜暴富的方法，也只有「詐騙」。

　　第七章會講述獲得財務自由的公式。我想告訴你我對事業
和投資等方面的體悟，並會告訴你，無論處於何種處境，都值
得一試的人生演算法。因為這個問題我被問過無數次，我想借
此機會整理一下。然後，最後我會具體說明能賺錢的項目。

賺錢的基本原理

　　賺錢看起來非常複雜和困難，其實，基本原理很簡單。所
有能賺錢的事可分為兩種。如果你想忽略這個原則賺錢，就會
成為騙子或一事無成。

◉ **讓對方感到方便。**
◉ **讓對方感到幸福。**

如何？是不是很簡單？賺錢的基本原理是這樣的，讓你很失望嗎？並非如此。這兩點不過是事業和投資的開始和結束。忽略這個基本原理的世界或投資，不可能走得長遠。忽略這一原則想要賺錢的人往往會做出這樣的事：

◉ 炒股並操縱股價。這會吸引對飆升股票有反應的散戶，從而賺進數十億韓圜。從表面上看，這種人確實賺了錢，但他們是用什麼原理賺的呢？會讓對方感到方便嗎？會讓對方感到幸福嗎？不會。這種方式反而讓對方感到不幸。他們沒有給對方真正有價值的東西，而是欺騙對方，奪走對方的東西而已。因此，這種行為是犯罪，電話詐騙也是如此。

◉ 雖然不是犯罪，但是生產毫無用處的產品。有一位負債10億韓圜（約2千300萬元台幣）的小洗髮精公司總裁，他疏忽產品開發，結果負債累累，心急之下，做了不實廣告，宣傳未經驗證的產品效果，造假使用心得。被市場行銷欺騙的消費者非常失望，不再購買產品。買這種產品的人損失了錢，對產品也很失望，還增加了垃圾處理成本。換言之，這種行為沒有為顧客和世界帶來任何好處。這種企業注定只能倒閉。同樣地，如果你觀察看看社群網站的廣告，這種奇怪的商家出乎意料地多，打著教你賺錢法門的旗幟，賣你那些毫無用處的課程。這種行為不是犯罪，如果沒能提供承諾過的價值，這種事業最終也會倒閉。

　　歸根究柢，賺錢的核心在於「解決問題的能力」。你要了解人們對什麼感到不便，對什麼感到幸福，提出如何解決人們

的不便，並給予幸福的點子，以及實際制定解決對策。如此一來，你就能賺錢。

提高解決問題的能力說起來容易，但並非每個人都能做到。這就是為什麼有的人貧窮，有的人富有。所謂事業，不是你隨便從父母那裡拿錢、租店面、開咖啡廳的草率行徑。如果要經營咖啡廳事業，你就要具備解決問題的能力才能成功。一般來說，咖啡廳之所以倒閉，是因為老闆缺乏解決問題的能力。每種事業都會遇到問題，能解決問題的人才能賺錢。那麼開咖啡廳會遇到哪些問題呢？

咖啡廳經營不善的原因

1、咖啡廳周圍沒有人。只有500戶人家。靠這些潛在客源，每月只能賺進250萬韓圜的淨利。

2、按自己的標準，挑選自認為漂亮的咖啡廳裝潢。

3、其他咖啡廳的音樂都不怎麼樣，所以放自己平時喜歡的有品味音樂。

4、咖啡廳工讀生就像時下年輕人一樣，不聽話又不親切。

5、我自認為接待客人很親切，但很多評論說態度不親切。

6、咖啡廳食材成本高，剩下的淨利不多。

也許除了這六種問題，還有無數的問題，但解決這六個問題的咖啡廳老闆必然賺錢。重要的是要記住，經營事業不是「賺錢遊戲」，而是「解決問題」。

1. 咖啡廳周圍沒有人。只有500戶人家。靠這些潛在客源，每月只能賺進250萬韓元的淨利。

　　→除了周圍的顧客外，最好吸引其他地區的顧客。可以利用NAVER地圖，讓人們搜尋「OO地區的咖啡廳」時，提高自家咖啡廳的搜尋排名。同時可以透過經營Instagram，每天多吸引兩名外地顧客前來光顧。

2. 按自己的標準，挑選自認為漂亮的咖啡廳裝潢。

　　→我走訪全國各地的獨立咖啡廳中，與我的咖啡廳規模相似並大獲成功的咖啡廳，進行市調，再將其共同特點彙整，交給室內裝潢業者。

3. 其他咖啡廳的音樂都不怎麼樣，所以放自己平時喜歡的有品味音樂。

　　→不要被自我意識束縛，過度相信自己的頭腦。同樣地，參觀所有生意好的獨立咖啡廳，觀察他們播放的音樂類型。

4. 咖啡廳工讀生就像時下年輕人一樣，不聽話又不親切。

　　→工讀生的工作能力取決於老闆，只會責怪別人是順理人生者才會做的事。我經營的「慾望書吧」由會招聘正在休息中的偶像或藝人練習生。你也可以參考其他有親切工讀生的咖啡廳，看他們是怎麼發佈工讀生的招聘廣告。

5. 我自認為接待客人很親切，但很多評論說態度不親切。

　→全國倒閉的咖啡廳老闆也可能會有這種想法。我接待客人的時候，我會拍攝影片，進行反省，也會把影片發給家人或朋友看，尋求改進意見。當收到反饋的時候，應該謙虛接受，而不是發動自我意識牴觸反饋意見。

6. 咖啡廳食材成本高，剩下的淨利不多。

　→在剛開始開咖啡廳的時候，試著聯絡與前咖啡廳老闆合作的流通企業，考慮是否與他們簽約。此外，你可以加入咖啡廳老闆聚集的NAVER社團收集資訊，打給二十家流通企業打電話，進行比較。說不定購物平台酷澎賣得更便宜。試著進行比價，縮減成本支出。

　　在世界上賺錢的所有行為都會涉及「思考」。解決問題的人能賺到錢，而搞不清楚問題出在哪裡，或沒有解決能力的人則變得貧窮。此刻，也許你自動浮現了這個疑問：「我該如何培養解決問題的能力？」這一點我已經多次強調了。除了透過「22策略」讀書和寫作之外，沒有其他能增強大腦肌肉的方法。一旦你成功地設置了大腦自動化，智力就會逐漸提高，你的解決問題的能力也增強，而這一切最終將轉化為「財富」。

　　當解決問題能力提高，就能解決人們的各種煩惱，還能提出更好的想法，提高效率，建立規模經濟。僅憑這件事，你每月就能獲得1千萬韓圜（約2萬3千元台幣）的被動收益。多人合作能解決更大的問題，那就是公司，是企業。無論如何，「解決別人的問題」都是事業的本質和收益的來源。那麼有哪些具體事例？

可以從下列事例，思考讓對方感到舒服的事：

1、每次做飯都很麻煩，怕剩飯壞了，發明微波飯來解決這個問題的公司，大賺一筆。

2、把襯衫送到洗衣店，或洗完衣服要整理衣服很麻煩。要和別人面對面也有壓力。因此最近把客戶放在門外的衣物收好，送洗，並摺好送回的無接觸服務，越來越受歡迎。

3、家具通常是快遞送來的，內附組裝說明書，但動手組裝既麻煩又困難。獨居族很難一個人組裝超大型家具。提供這種家庭代客組裝服務的人能賺到錢。

為了讓對方幸福，人們正在做這樣的事情：

1、藝人利用自己的外貌和才能讓人們感到幸福，得以賺錢。

2、製作搞笑的影片，上傳到YouTube，得以賺錢。

3、遊戲公司樂線（NEXON）提供有趣的新遊戲，得以賺錢。

4、Netflix向全世界的人提供有趣的電視劇，得以賺錢。

沒有想法的人往往想得很單純，他們可能會認為：「發明微波飯的是時機正好」、「Netflix 靠賣線上影片，賺了大錢」。但從我作為一名企業家的角度來看，這種看法過於單一。製作微波飯需要出色的問題解決能力。他們會遇到的問題如下：

◉ 如何延長米飯的保存期限？

◉ 由於擔心保質期而添加化學調味料會對健康有害嗎？

◉ 如果這個問題被媒體曝光，公司會面臨存亡危機？

◉ 怎麼解決硬掉的飯重熱時，會比電鍋煮出來的飯難吃的問題？

◉ 生產產品時該如何與工廠協商？

◉ 流通效率低的話怎麼辦？

　　由於不斷地解決這些問題，製造微波飯的企業才有了賺錢的資格。你覺得舉製作微波飯這種大企業事例過於複雜了嗎？

　　我今天早上在看到了一支關於窗戶清潔工的影片，題目是「工作三天賺進一年年薪的 35 歲清潔工」。該位男性賺錢的方式和我在本書附錄中所敘述的方式相同。他解決問題的方法很簡單，雖然有很多人尋找「擦窗戶」的人，但很難找到相關資訊。房主除了打傳單上的窗戶清潔工電話號碼之外，別無他法。不過，該男性在部落格上積累了顧客的評論，並記錄了自己的經歷。相較於其他沒有任何資訊的企業來說，更容易取信於顧客。他發佈了「釜山市窗戶清潔工」等相關文章，解決了房主

們尋找擦窗戶工人的麻煩。因此，該男性每天賺入五十到一百萬韓圜（約 2 萬 2 千元到 2 萬 3 千元台幣）。他之所以能賺錢，是因為利用自己的問題解決能力，幫助人們解決了不便之處。

看著這些事例，你會不自覺產生「我做不到」的想法。顧名思義，例子只是例子而已。如果你能反覆進行逆行人生者的七階段模型，就會自然湧現其他點子。以下是我賺錢的方法，希望能幫到那些正在思索點子的人。

我的賺錢之道 1

很多人因分手而痛苦，我向他們提供了免費專欄，並將十年來諮詢一萬件案例理論化，與他們分享。我接受了數年諮詢師訓練，替人們諮詢戀愛問題。長達幾個月或更久的時間，客戶因戀愛煩惱而悶悶不樂，或害怕可能會失去所愛的人，我透過幫助客戶與對方復合，或告訴客戶兩人之所以分手的理由，能明顯減少痛苦（通常分手會痛苦是因為不知道分手的原因）。如此一來，客戶的戀愛智慧急遽增加，最終會重新找到幸福。這就是我的賺錢之道。

我的賺錢之道 2

有些專業人士或企業家苦惱不知如何行銷。他們希望自己提供的優質服務能被大眾知道，卻不得其法。他們有過被詐騙或沒能取得良好行銷效果的經驗。只要付 500 萬韓圜（約 11 萬元台幣），自青的 Isanghan 行銷公司就會利用該領域的專業行

銷經驗，替客戶賺 1 千 500 萬韓圜（約 34 萬元台幣）以上。因此 97% 的專業人士與企業欣然續約。像這樣，我的公司透過解決專業人士或企業的不方便，並創造廣告效果，成為了韓國專業行銷領域的第一名企業。

除此之外，Isanghan 行銷公司幾乎覆蓋了所有領域，我們有一個特殊制度：不滿意時全額退費。一般來說，市場行銷公司在銷售時都說得好像能成功一樣，但事實上，一旦事情不如預期，就會推卸責任。在這種情況下，企業很難相信市場行銷公司。解決這一問題的制度就是「全額退費制度」。這是其他市場行銷公司絕對無法提供的服務，但 Isanghan 行銷公司是由解決問題能力出色的人組成的團隊，因此有能力提供這種服務。結果，我們消除了企業的不安感，Isanghan 行銷公司成為了韓國國內最大規模的公司之一，現在每年仍在快速成長。

我的賺錢之道 3

我建立並分享逆行人生者的七階段模型，以幫助順理人生者們改正人生的錯誤，系統化磨練他們的能力，減少了不必要的試誤，並提供明確的方向，從而縮短他們實現財務自由的時間。無論以何種形式，這個附加價值日後必然會回來。讓對方方便，讓對方幸福，錢自然會來。

《逆行人生》銷售了四十萬本，雖然我將銷售收入全數捐贈，不過到目前為止我已經賺了十億韓圜（約 2 千 300 萬元台幣）。

我透過 YouTube 頻道分享「我獲得財務自由的方法」。在推薦書籍的同時，我還傳達了「不閱讀，人生就不會改變」的訊息。我開設 YouTube 的目的，不是為了賺錢，而是想告訴人們「像臭水溝一樣的人生也能發生變化」。我估計從那之後，有五萬以上的韓國人養成了閱讀習慣。得益於此，我退出 YouTube，在 CLASS101 開設的課程「零資本創業講座」創下了 35 億韓圜（約 8 千萬元台幣）以上的銷售額。現在我幾乎是免費分享資訊。

住在江南的人都想去書店咖啡廳。但是江南不僅地價昂貴，而且能夠體驗自然的場所也不多。我經營的「慾望書吧」位於江南中心中一個非常安靜的山坡上，提供了令人驚嘆的風景。在屋頂上可以迎著陽光讀書。自青的咖啡廳透過空間為人們帶來便利和幸福感。我透過這種方式擴大威士忌酒吧 infini 清潭洞西餐廳 W labo 等實體事業。

「我既沒有專業知識，也沒有資本，怎麼辦？」可能有人會問這樣問題，所以，我把沒有任何專業知識，零資本創業的方法，收錄在最後的附錄中，請各位參考一下。接下來，我要談一下實際的賺錢方式。

攻陷財務自由之城的方法

　　人從一出生就被人際關係、家庭、愛情、金錢以及時間等許多東西所束縛，無法自由。能立即解決或大大減少這種限制的就是「金錢」。錢不是萬能，但沒有錢萬萬不能。錢幾乎能解決所有的問題，縱使不能立即解決，也大幅減少解決問題所需的時間。因此，人人都夢想實現「財務自由」。唯有攻陷財務自由之城，才能打下所謂自由世界的基礎。

　　財務自由之城裡駐紮了十萬名士兵。假設你這個「士兵」每小時能殺死一名士兵以佔領城堡，一年三百六十五天都不休息的話，你約莫能殺掉八千七百名左右的士兵。十年將累積八萬七千人。也就是說，你到死都不可能攻陷城堡。

｜一個試圖攻陷財務自由之城的士兵｜

與此相反，有賺著高昂時薪的人，他們是「將帥」，如醫生、律師、高薪講師等高收入的專業人士或大企業管理階層等。他們本身擁有強大戰力，每小時能殺死五到十人。相較士兵，他們有很多優點，但也有缺點。在他睡眠的時候，沒有人可以替他繼續攻打城堡，所以將帥也需要很長時間方能攻陷財務自由之城，在攻陷城堡之前，他們也不自由。獲得自由的時候也已垂幕。

　　最後，還有一種人。他們不是領時薪卻擁有眾多士兵。那就是「領軍者」。領軍者麾下有無數士兵，在領軍者睡覺的時候，士兵們也會按照他的指示去戰鬥，為其攻陷「經濟自由之城」。這裡的士兵不僅僅是指職員，例如屋主在旅行時，不動產價也一直自動上漲，替他賺錢；寫書的作者，去了國外旅行的同時，也在賺錢。這種擁有「為攻陷城堡而賣命戰鬥的士兵」的人，被稱為領軍者。他們是一家企業的總裁、書本作家、Youtuber、股票投資者、房地產投資者、名下有建築物的人等。他們的錢不來自時薪，而是透過其他方法，間接賺錢。如果你是一家小店的老闆，你完全靠自己的時間換取金錢？那你不是領軍者，而是將帥或士兵。

士兵　賺時薪的人。這輩子很難有機會財務自由。

將軍　高時薪者。雖然可以攻陷財務自由之城，但必須獻出青春。

領軍者 指揮士兵和將軍賺錢。這裡的指揮對象不僅僅是人，代替自己戰鬥的士兵可以是房地產、書籍或企業，也可以是 YouTube 或股票收益。即使在睡覺的時候，也能自動賺錢。傳統上，通常能賺大錢的人多為從事房地產，股票和生意的人。他們之所以能賺錢，是因為作為領軍者，即使睡夢中，士兵也在替他們打仗賺錢。

為了要實現經濟自由，我們首先要擺脫士兵的身分。既然如此，先把目標設成將帥。這是由於士兵每小時勞動能賺取的錢有限。倘若你先成為將帥，再成為領軍者，那麼你在睡覺的時候，士兵們依然會替你上陣殺敵。你買房地產、銷售線上課程、投資股票，那麼在你不注意的時候，士兵們依然在為你戰鬥，替你賺錢。這樣的士兵越多，你攻陷財務自由之城的速度就會越快。如果你將事業系統化，把好的點子化為現實，你的部隊就會像滾雪球一樣越滾越大，不工作一樣能賺錢。對於投資者來說，這將形成「錢滾錢」的結構。

我這麼說，可能會有人說：「這只有從好大學畢業，在好公司上班的聰明人才有可能做到。」如果是十年前，我也會認為這是另一個世界的故事，但你不該氣餒，我希望你能想起認同感理論。我們周圍有很多人都是從基層士兵，晉升到領軍者的。曾經打著零工的人（Youtuber 冷哲）、在包食宿的鄉下工廠工作的少女（創業家 KELLY CHOI）、30 歲前晚上去樂團表演的人（創業家宋事務長），這三個人發生了怎樣的變化？他們現在已成為身家數百億韓圜事業家。另外，另一名 Youtuber 金作家畢業於地方大學，36 歲還是個生活困難的無業遊民，

花了三年的時間成立了部隊，據推測，如今每個月入1億韓圜（約230萬元台幣）。這些Youtuber的士兵是誰？是負責拍攝和編輯影片的職員？可能是。但在我看來，他們上傳的一千多支影片都是他們的士兵。在這些Youtuber睡覺或旅行的時候，這一千支影片繼續解決訂閱者的問題，繼續進行為訂閱者提供幸福感的戰鬥，提供訂閱者他們想要的東西，並成功獲得關注和點擊數。

說到這裡，應該又有人會說：「他們是很受歡迎的Youtuber，有製作優秀內容的才華。」那麼，看看我的訂閱者兼同齡好朋友鄭勝浩（音譯）吧。他當了七年的上班族兼月光族，因某種契機接觸到投資，並花兩年時間存了資金。他本想用這筆錢投資好的房地產，但錢不夠，於是他在一個陳舊卻是黃金地段的地方，開了一家讀書咖啡廳。那家讀書咖啡廳大獲成功，短短兩年擴大到十三家分店，目前月收入超過1億韓圜（約230萬元台幣）。如果好奇的話，可以搜尋「冒險家鄭勝浩」。這樣的事例數不勝數。平日股實工作，但透過房地產投資實現財務自由的人不勝枚舉。Youtuber讀房地產的男人、Nonawi、認識的前輩、remgoon，他們都是邊上班邊投資房地產，獲得成功的例子。他們把名為房地產的士兵一個個聚集起來，最後，成為了數十億身家的資產家。

後面我會再次討論他們，他們毫無疑問地遵循逆行人生者七階段模型獲得升級，得到了好的結果。

因為我手上有很多種事業，所以我不僅部隊多，士兵還很多元化。

1、Isanghan行銷和Atrasan各會賺進1億韓圜
  （約230萬元台幣）的淨利。

2、我製作CLASS101的「零資本創業講座」至
  今兩年，僅上月的淨利就有1億韓圜（約230
  萬元台幣）。

3、電子書平台Pudufu正銷售六本PDF書，每月
  可獲得6千萬韓圜淨利（約130萬元台幣）。

4、我有30億韓圜以上的股票（約7千萬元台
  幣），期望每年最低收益率20%。

5、此外，房地產、慾望書吧和威士忌酒吧
  infini、清潭洞西餐廳W labo，還有我手上
  持有股份的各家公司等，都在產生被動收
  入。

　　這本書也將成為我的士兵之一。如果它能成為暢銷書，那
麼在我睡覺的時候，它也會為我工作。這本書本身不會有多少
盈利，但會能替我開創的事業帶來良好的聲譽。

　　我現在會把想法持記錄在個人部落格上，像是如何讓
YouTube 增長三倍的方法、免費電子書製作方法、創業方法、
賺錢方法、管理職員的方法等。如果你喜歡這本書，你每個月
都能在我的部落格得到一些我的個人見解。今後，我也會持續
在部落格上更新如何成為優秀領軍者的建議。

　　我不可能在一夕之間成為每月賺數千萬韓圜的將帥或領軍
者。每月 30 萬韓圜（約 7 千元台幣）、100 萬韓圜（約 2 萬 3

千元台幣），不，5萬韓圜也好（約1千元台幣），請創造你的士兵，讓他們參與財務自由之戰。

不管你是上班族還是無業遊民，19歲還是50歲

我說為了攻陷財務自由之城，就要用上士兵這一工具。那麼，要善用士兵這一工具攻占城堡的策略有哪些？從大方向歸納，分成兩種。無論你是從上班族開始，或是打工族開始，達到財務自由的策略可以歸結為兩種：

一是事業，二是投資。不管你是上班族還是無業遊民都不重要，從這裡出發的人最終都會朝這兩個方向前進。不要膽怯，這只是聽起來很難而已，你先繼續讀下去。縱使你現在沒有自信，產生反感也沒關係，把它銘刻在心，你就會逐漸有所改變。

我一直仔細觀察這段時間實現經濟自由的人（除了那些不管賺多少錢卻沒能享有時間自由的人）。每個獲得自由的人的起點都不同，但共同點是開始投資。啊，鑑於讀本書的讀者中有50多歲的人，我要談談我的母親。以我的母親為例，她50歲後才開始學習投資。我的母親從商業高中畢業後，沒去大學，一輩子從事賣保險、推銷貸款與到大賣場 E-Mart 打工。然而，她堅信，負債的家庭不會有翻身的一天。於是，她開始學習房地產仲介。當時她48歲，好不容易考取房地產仲介資格證後（及格門檻是60分，她剛好考到60分），她才開始積極進行投資。事情變得怎樣呢？她十幾年的時間裡資產就增加了數十億韓圜。她50歲之前還是個身無分文的債務人，透過投資，十年後

搖身變成了億萬富翁。我的母親不是天生聰明的人，如果她很聰明，又怎能 48 歲前負債累累呢？她偶然進入了房地產仲介行業，打開了投資的眼界。這是一個很好的方法。

當你讀到這裡，你就會明白，投資是能擁有無數士兵的好方法。前面我提到的房地產 Youtuber，他們都是上班族，但他們用 1 千萬（約 23 萬元台幣）至 5 千萬韓圜（約 115 萬元台幣）的本金，開始投資房地產，從而成為億萬資產家。他們投資房地產，用買來的房地產再賺取利益，藉此攻陷財富自由之城。

包括我在內，20 幾歲到 30 幾歲實現財富自由的人都在經營自己的事業。經營事業也是召募大量士兵的好方法。比如，開了一家烤肉店，只要你的店具備完善的系統，不工作也會有為你戰鬥的士兵，假如在店鋪經營、行銷與人事管理等方面下功夫使其順利運轉，就能擴充三到四家店。回到正題，事業與投資的性質不同。你直接向人們提供產品或服務，解決人們的問題並給予滿足感（「投資」是指提供資金給「事業」）。在事業方面，我認為更積極地提出創意、開發產品和服務，和經營公司是有趣的。另外，如果是慧眼識人才，能選出優秀的中階管理者，那麼這名士兵可以成為將帥，替你訓練其他士兵；如果選對了一個事業專案，適時賣給合適的客戶就能產出巨大的槓桿效應，產生超出原本投資的效益。這也是經營事業的樂趣。如果有很多好的想法，對製作各種產品或服務推向市場感到興趣，我建議你構思一下發展事業。

我說得太複雜了嗎？不用想太多。正如前面所說，如果你透過大腦自動化，提高解決問題的能力，那麼即使不刻意去找

問題，問題也會自動浮現在眼前，而解決方案與想法也自動出現，最終會帶來財富。這也是為何聰明的人經常只需一天時間就能想出好點子。

我在 25 歲之前，通過 22 策略訓練了我的大腦四年。某一天，我經歷了分手的痛苦，發現了解決這個問題的公式。離別是世上每個人都會經歷的。但我在離別時得到了一個點子。不是有意的，而是自然而然地產生了。我會將詳細內容寫在附錄，只要你打好基礎，你就能自動賺進財富。

好，現在你的自我意識又會這麼說。

「我在兼差跑外賣，我該怎麼做呢？我沒有錢投資。」

「我是上班族，怎麼辦？想存創業資金，需要很長時間。」

「我是自營業主，賺一天的錢就過一天。」

是的。每個人都說自己沒有資本，沒時間。但是，如前所述，在惡劣條件下能取得成功的人，他們的條件比你好嗎？我認為條件是一樣的。不，坦白說，他們情況更糟。只是你的潛意識還沒能變化，大腦也還沒優化。不管你是上班族還是無業遊民，19 歲還是 50 歲，我認為最好的方法是準備投資和事業。

財務自由的五種學習法

我問過數十名年輕時白手起家的富人，試圖找出「共同公式」。最後，我把範圍縮小到五種方法，並意識到只有實踐這些方法，才能實現財務自由。要打得一手好球的唯一方法是，用正確的方法持續練習。同理，要實現財務自由的方法是，用「正確的方法」，還有「長時間練習」。普通人不知道什麼是正確的方法，認為金錢無法從練習而來，因此，他們依賴於樂透或一夜暴富的極端行為。我認為在那種情況下，你絕對無法擺脫順理人生者的命運。我將介紹數十名白手起家的逆行人生者富翁五項共同點。

▍ 1、改變認同感

《上班族，成為富翁退休吧》（월급쟁이 부자로 은퇴하라）一書的作者 Nonawi 是曾經否定財務自由的代表性人物。他在大企業工作了九年，存了 3 千萬韓圜（約 70 萬元台幣）。他每次在書店看到理財書時，都會認為是「那是魯蛇才會看的」、「是投機者的故事」。然而，有一天，他看到上司被解僱的樣子，受到了很大的衝擊，害怕哪一天就輪到自己，因此，他讀了平時不喜歡的房地產投資相關書籍。這件事完全地改變了他的想法，因此，他開始小額投資房地產。三年後，他的淨資產就積累到 20 億韓圜（約 4 千 600 萬元台幣）。

Nonawi 的故事告訴我們，認同感的變化是非常必要的。如果你想賺錢，你就應該經歷像 Nonawi 一樣的生存危機。但想經

歷這種危機，首先你要走出舒適圈，要試圖做一點事情。安於現狀，你永遠不會面臨生存危機。你要刻意地進行新挑戰，嘗試副業、參加聚會才能看見自己有多渺小，經歷「人生好煩」的情緒。如果你已經是財務自由一族，就沒必要做出這樣的行動，但是，如果你處於不自由的現實中，就必須有意識地改變認同感。

另外，Nonawi 的事例很好地說明了消極的自我意識如何阻礙一個人的可能性。不過幾年前，只要有人談論金錢或對累積財富感興趣，就會被用異樣眼光看待。至今亦然，我們仍然使用「財務自由」，而非「賺錢」的委婉說法。這就是為什麼我一直強調逆行人生者的七階段模型。Nonawi 並不知道這個模型，更別說身體力行。我自創的逆行人生者的七階段模型，是從眾多的白手起家富人的事例，找出共同點，並以我親身經驗進行驗證過的。

▋ 2、二十本法則

我原本認為只有有錢人才能創業，要不就是聰明的菁英或高學歷者才做得了。不過我看了電影「社群網戰」（The Social Network）後，才明白零資本照樣能創業。當時我和知漢一起準備創業時，我做的第一件事是，看二十本行銷相關的書。如果你和當年的我一樣，沒錢、沒經驗，那麼閱讀是準備創業的好方法。當我把書堆起來一讀再讀時，我有所領悟。不僅是網路行銷，我也學到了腦神經行銷學（NeuroMarketing），知道了網路事業的經營方法。我把閱讀獲得的所有知識應用到新事業中，讓復合諮商立刻大受歡迎。

如果你把二十本書堆在一起讀，會發生什麼事情？你的腦裡會全是那些內容。就像拿錘子的人會把世界所有的事物都看成釘子一樣，只要你讀二十本行銷相關書籍，世界上的所有事物都會被你看成行銷案例，腦中的想法自然而然地會朝那個方面發展，你的認同感正在發生變化。

　　如果你開了一家咖啡廳，那你就買二十本咖啡廳相關書籍，並閱讀。我敢說，幾乎所有的咖啡廳老闆都不看書，只憑直覺和頭腦經營咖啡廳。他們擁有過剩的自我意識，固執己見。結果會怎樣？大部分會失敗，部分人會獲得偶然成功。從長遠來看，每個人都註定失敗。但是，讀過宇野隆史寫的《切了番茄就有了飯館，拔了酒塞就有了居酒屋》（トマトが切れれば，メシ屋はできる、栓が拔ければ，飲み屋ができる）一類書籍的咖啡廳老闆，註定在那一區咖啡廳成為翹楚。「閱讀才不管用，反正我會按照我的想法做」，這種想法多麼傲慢啊？自我意識有多麼過剩？如果你就此成為本能和基因的傀儡，到頭來只能失敗（當然，天生聰明的人不閱讀也能成功）。如果你有想要實現的事，就閱讀十本相關領域的書。那將大大減少你的失敗率。

3、收看YouTube

　　影像在大腦優化方面和學習方面遠低於閱讀，反之，其優點是可以少用大腦。如果你對閱讀和寫作感到厭煩，可以看介紹投資或商業的 YouTube。既然要看 YouTube，最好是看創業、企業經營、房地產投資或拍賣、股票投資等多種領域的採訪。每天至少做三次筆記，邊看邊記。而且看完後最好整理一下，

把自己的感受、心得、內容摘要等整理在部落格上。

但如果你留意 YouTube 頻道，有時會有留言說「像騙子」，大部分都是出於嫉妒而留的。如果是 YouTube 演算法推薦給初學者的，那麼那個影片在投資和商管的知識會比你多。有能學習之處就多學，不要沒事找碴，尤是在學習初期，你最好暫時停止批評意識，盡量接受更多的資訊。在我看來，YouTube 上有很多騙子，也有很多所謂「灌水」的課程。但他們仍舊有值得學習的地方。如果你目前月收入在 1 千萬韓圜以下（約 23 萬元台幣），我希望你不要偏食，接受所有資訊。我在 20 歲那年冬天讀了兩百多本書，以我現在的標準來看，其中 95% 是不合格的。儘管如此，那些書的作者的實力絕對比我當時的水準強大得多。再愚蠢的作家也要有相當的自信心、執行力，以及素材，才有可能出一本書，至少他的等級比你高。無論是 YouTube、書還是課程都一樣。如果有比現在的你水準高的話，必然有值得學習之處。我希望在學習必須學的東西時，不要找藉口。

█ 4、透過寫作做好萬全準備

正如我在 22 戰略中所說，寫作是開發大腦的最佳方式。不管周圍的人說什麼或讓我感到焦慮，我每天都堅持投資三十分鐘。相較於過着平凡人生的人給的忠告，我更相信成功的秘訣是「寫作」，這也是成功人士的共同習慣。從神經科學的角度看，寫作不僅能提高大腦邏輯性，還能提高智力，是整理思維的最佳方法。十五年過去，我的假設完全正確。我現在過著比我夢想中的生活更理想的人生。

寫作有助大腦的全面性發展，如：能讓人生逆轉的創意性、

集中力、思考能力等。請務必把你閱讀的內容，平時想到的想法和雜念整理在部落格上。我要給你一個簡單的任務。請以現在正在讀的「實現財務自由的五種學習方法」為題，寫一篇部落格文章。寫作能幫助你複習與整理思緒。你也可以寫對我或對本書的批評或看法。

當你讀完一篇文章，你可能以為自己都理解了，但一旦動筆，你就會感到無從下手。這代表著它沒有在大腦中被組織起來，或是你並沒有真的理解內容。通過寫作，你會嘗試自己填滿貧乏的資訊量和邏輯，從而進行最有效的學習。用文字進行整理，資訊將被儲存在長期記憶裡，並轉換成可應用的知識。知識可以用在現實生活中。我們寫作時會使用整個大腦，這時腦細胞會增加，智力也會提高。

我主要寫在部落格上。即使不是部落格，你也要在本人喜歡的媒體上進行寫作。幾個月、一年或十年後，當你回頭看自己的文章，可能會感到滿足，也可以用來複習。我經常想複習過去讀過的書時，就會翻看幾年前寫過的書評。如此一來，即便不重新翻閱那本書，我也能在三分鐘內進行有效的複習。

◉ 如果你對寫作感到困惑，你可以搜尋「體驗版超思考寫作」，並免費下載PDF。光看這個，就足以讓你知道自己應該寫什麼。

◉ 如果你好奇我十三年前用這種方式寫出了怎樣的文章，你可以上自青部落格blog.naver.com/smjsomang查看。

▌ 5、無論是網路或實體學習

　　到目前為止，我所說的閱讀、觀看 YouTube 影片、寫作，都是一個人的戰鬥。現在是時候反過來利用基因錯誤啟動了。除了免費在線課程之外，你還應該參加收費線上課程。

　　如果你付錢買線上課程，你就必須承擔沉沒成本，那麼就會產生「我是一個會花錢在投資或商業講座上的人」的認同感，如此一來，你的潛意識會隨時聯想到商業和投資。在不知不覺間，對這方面的興趣增加了，會觀看相關影片，查找資料。這就是所謂的大腦自動化，這件事的重要性不亞於透過聽課獲得的具體資訊。這就是為什麼學習任何東西，你應該花點錢的原因。如果你還負擔得起，我希望你大概投資 50 萬韓圜左右（約 1 萬 1 千元台幣）。每當我看到這樣的課程時，我不由自主地想著「花錢去學怎麼賺錢，有點浪費錢」，甚至我是透過創業講座創下歷史最高收益的人之一，也會產生這樣的想法，更別說其他人了。每當我有那種想法時，我就會想：「20 多萬韓圜（約 4 千 600 元台幣）的投資有可能會帶來數千萬韓圜的利潤，就讓我賭一下預期報酬價值吧，玩一場機率遊戲吧」，然後結帳。

　　此外，你還應該尋找實體課程。要上實體課程，需要預留半天的時間，但這是值得的。去聽課的時候，你會遇到和你擁有相同興趣領域的人，還有講師。這時啟動的基因錯誤啟動對我們是有利的（前面提到的「製造認同感」和「反過來利用克魯機」）。

　　大腦會重視你所屬群體的想法，僅聽實體拍賣課程就會產生「我是去聽拍賣課程的人」的認同感。另外，在該群體中，

擅長拍賣的人會被認為是最值得尊敬的人，因此你對拍賣的興趣和評價，會隨著本能自然提高。閱讀一本拍賣相關書籍能稍微改變你的潛意識，而被集體潛意識操縱，要改變潛意識就容易得多。另外，如果學員之間交換資訊或積累交情，就會聽到關於成功人士的事情，好比「聽說那個人因為做了○○，所以成功了」、「聽說那個人賺了○○錢」等的話，這都會成為很大的刺激。另外，與線上課程相比，參與實體講座的專注度較高，因此學習能力也有所提升。在網路時代也有很多人選擇實體課程，也是因為這個原因。他們不是傻瓜。

如前所述，改變認同感或第一次的實踐至關緊要。請你今天就申請一個線上課程和實體課程吧。我明白要你突如其來地去嘗試和挑戰不容易，但請你務必執行以下內容：

◉ **網路課程：CLASS101、taling、Lifehacking、CLASSU 等，有非常多的線上學習平台。去看一輪，感受一下「原來有這樣的平台」。**

◉ **實體課程：我以前用過onoffmix等應用程式，體驗了實體課程。大約在五年前，我聽了開設行銷代理公司、Instagram 宣傳、成為作家等講座。這對我的認同感的變化，助益良多。你可以搜尋在哪裡進行實體課程，報名參加。Isanghan 行銷公司學院也提供線上課程。此外，你還可以通過 friendscube、munto、daangn等平台尋找其他課程。**

年輕富豪是如何學習的

在我整理出五種學習方法後，我打給三十多名 30 多歲左右獲得財務自由的朋友，並仔細分析在媒體露臉過的人訴說他們實現財務自由的過程。他們都屬於以下三個類別，無一例外：

▌ 1、天生擁有優秀基因和良好環境的人

有一群人天生聰明。天生腦筋好且行動力出色，無人能敵，在一定時間後能達到財務自由，可以說他們與生俱來，擁有逆行人生者的七階段模型，也有家庭環境原本就很好的。例如，一個江南第八學區[2]出身或進入好大學的人，從年輕的時候就和優秀的朋友相處，早早就開始創業或投資。即使自己不是很聰明，但從小就開始學習賺錢之道，自然地進行討論，接觸成功事例。這種人是很幸福的案例。如果《快速致富》、《一週工作四小時》、《富爸爸，窮爸爸》等書的作者有子女的話，他們的孩子將生活在一個不斷學習金錢，對金錢感興趣的環境中。然而，這樣的環境或遺傳基因，難得一見。最重要的是，是否擁有這樣的環境，不由人選擇，因此這種案例不適用大多數的人。

▌ 2、週末研討會型

獨自閱讀心理勵志類書籍的人不會有太大的進步，無論以何種形式，你都要試圖實踐書中所讀到的東西，並經歷試錯，

2　為首爾江南區與瑞草區合稱，此學區為知名優秀學區，許多知名大學畢業生皆出自此處。

讓理論和實務形成良性循環。如果你所學的無法得到反饋，一不小心，你就會停留紙上談兵的狀態。

我對月收入 4 千萬韓圜以上（約 92 萬元台幣）的女性朋友進行了簡單的採訪。她們的共同點：善用週末。她們來自不同的行業背景，有物理治療師、半永久化妝講師、學經歷不足的 23 歲職場媽媽等，但在時間管理方面有一個共同點。他們平時忠於正職工作，週末則去聽理財課程，而且不僅一兩個月，而是持續一年以上。如前所述，如果你去上實體課程，會與志趣相投的人不斷接觸一年以上，這將完全改變你的認同感。有些人擔憂必須一年三百六十五天，一天二十四小時都做某件事才能達到財務自由，但從上面的事例中，你可以看出，只要善用週末就足夠了。如果你透過週末研討會這種方式，改變想法的話，平時你在做正職工作的時候，也會繼續思考事業和投資。從時間管理的角度來看，這是相當實際的方法。

我還有一個壓箱寶技巧，我稱之為「週日兩小時策略」。當我想求進步的時候，我會在星期天下午一點吃完飯，做兩小時不想做的事。星期六一定要玩樂，但星期日下午一點到三點之間是適當放鬆做什麼都尷尬的時間。此時，你不妨試一下平日無法進行的新挑戰。例如，2019 年正是 Isanghan 行銷公司業務繁忙的一年，不過當時，我還是想挑戰 YouTube。平日根本都提不起勁，於是我下定決心「星期日花兩個小時在 YouTube 上」。一到週日，我就先設好計時器，花兩小時製作 YouTube 影片。三十分鐘的拍攝佈置、三十分鐘的劇本創作、三十分鐘的拍攝、三十分鐘的整理影片及傳送給剪輯的人，兩小時內把該做的事情全部完成。只用了兩個小時。如前所述，當我們進行新的挑戰時，會不停被基因錯誤啟動妨礙，但由於我推動了

「週日兩小時策略」，作為「逆行人生者的行為」的實踐，我獲得了數十億以上的附加價值。雖然之後計畫有所延遲，但如果有我覺得一定要試試看的活動，我同樣會實踐「星期日 2 小時戰略」。每週堅持投入兩小時，數年後，你與順理人生者將出現無法比擬的差距。

3、書蟲型

這一類的人在上班、經營自己的事業，或上大學時一直在閱讀。買股票時閱讀股票相關書籍、投資房地產時閱讀房地產書籍。如果你有心經營事業，可以閱讀市場行銷和經營等相關領域的商管書。

關於閱讀的重要性，前面已經強調好幾次，這裡就不多說了。有趣的是，這些人上學時不怎麼看書，我也一樣，不過原本和書無緣的人因為對賺錢感興趣，從而博覽群書的情況並不少見。這時的閱讀方式不是滾瓜爛熟地背熟一本書，你要擺脫精讀的強迫觀念，跳過你看不太懂的部分。一本書，有時我也只會讀三分之一左右。一開始覺得晦澀難懂的內容隨著你在該領域的功力積累，日後回過頭再讀就行了。一開始看不懂很正常。例如，如果我第一次學習化學，我會選擇《看漫畫學化學》或《寫給青少年的化學故事》這一類的書。如果你是第一次接觸某個領域，我建議從難度低的書開始讀，再逐漸提高難度。

獲得財務自由的人必然屬於上述三類：「天生型」、「週末研討會型」、「書蟲型」，而這三者中能由你選擇的只有兩類。

設計邁向財務自由演算法

「我失業了，所以這行不通。」

「我是個沒有經驗的工人，不可能的。」

「我在一家不能兼差的大公司工作，那是不行的。」

「我在中小企業上班……」

這種廢話已經不管用了。在這裡，我們將人生大致分為四種類型，並會討論每種情況下如何實現財務自由。這不僅僅是單純的理論，我會充分列舉成功案例。 有一點要注意，你不要偏食，不要只看與你相似的情況。我建議你全部閱讀。每個人都屬於以下四類：

① 上班族：大企業職員、中小企業職員、公務員等

② 學、經歷不足族群：臨時工、職場空窗期的求職者、無業遊民等

③ 專業人士：醫生、律師、設計師、行銷人員、房地產仲介、心理諮詢師、空調清潔技師等。

④ 事業家：自營業者、零資本創業者、有資本創業者等。

因為這四類人所處的現實不同，所以以後能選擇的人生演

算法也不同。下面我們來談談每種情況下，我所認為的最佳路線。

▌ 1、上班族

（1）如果你在大企業工作

如果你在大企業工作，實際上，你很難走以下路線：

就業→大企業→創業→投資

當然也有邊在大企業工作，邊準備創業並取得成功的情況。但那是特例。儘管近來工作與生活平衡（work-life balance）明顯改善，但大企業職員要同時做兩份工作依舊非常困難。另外，這會違反在職期間兼職的條款，有可能會受到公司的懲戒。不管如何，最重要的是，你沒時間這麼做。因此，如果在大企業工作，你的典型科技樹是這樣的。

就業→大企業→投資→創業

我的朋友承浩（音譯）是一名大企業程式設計師，工作到第三年，他一直都是個月光族，到了 28 歲，手頭總算有了點積蓄卻全賠在股票上。直到 30 歲，他突然覺得要為未來打算，於是開始存錢。

當他工作滿八年時，他每個月實際收入為四百萬韓圜（約 9 萬 2 千元台幣）。他每個月只花 150 萬韓圜（約 3 萬 4 千元台幣），兩年來每月省下 250 萬韓圜（約 5 萬 7 千元台幣），共存了 6 千萬韓圜（約 130 萬元台幣）。而他認為投資就是答案，並開始學習拍賣。剛開始，因為手頭的資金少，買不到好物件，所以競標到了一棟位於仁川，屋齡二十幾年的公寓。因為沒錢，他親自動手從網路上自學裱糊壁紙和地板等。裝潢整理好後賣出的房子，能多賣 1 千萬韓圜（約 23 萬元台幣）。公寓與大樓不同。大樓有一定的行情，公寓則根據建築物和房間的狀態，價格落差大。所以，承浩平日去公司上班，週末跑去看房子。他透過這種方式，進行了好幾筆交易，多存了 1 億韓圜（約 230 萬元台幣）。這時候，他開始聽房地產相關課程，通過拍賣與買賣分別買下兩間位於天安的公寓，共四間。原本分別為 1 億（約 230 萬元台幣）與 1 億 4 千 5 萬韓圜（約 335 萬元台幣）的公寓，隨著時間的流逝，上升到了 2 億 5 千萬元（約 570 萬元台幣）與 2 億韓圜（約 460 萬元台幣）。隨著資金的累積，承浩開始考慮投資店面。他努力學習，培養了挑選店面的眼光與分析商圈的能力。但他認為還算不錯的店約 7 億韓圜（約 1 千 600 萬元台幣），而他想買的店面則約 10 億韓圜（約 2 千 300 萬元台幣）。他手上的資金尚不足。

　　「我要怎麼做才能在沒有錢的情況下，滾出更多資本呢？」經過一番思考，承浩決定與其入手昂貴的店面，不如直接在那裡做生意。因為投入的資金少得多。這就是他創辦自習咖啡廳的開端。因為是無人自習咖啡廳，所以很容易實現自動化。不到兩年，他的自習咖啡廳增加到十三家，各分店平均收入約為 1 千萬韓圜（約 23 萬元台幣）。另外，他買地，在弘大附近開

了一家紅酒吧「哈姆雷特」。當時他 34 歲。

　　承浩做得好的地方在於，他邊上班邊學習投資並付諸實踐。在投資的過程中，他蒐集了泰坦的工具，隨著知識的積累，優化了大腦。此後，他培養出只要隨處走走就能分析商圈的能力。漸漸地，他完成五子棋的路線變多了，隨便下兩子都能成功。由於在公司工作期間打下了基礎，僅兩年時間就當上了領軍者，有許多幫他攻陷財務自由之城的士兵。每一家無人自習咖啡廳都是承浩的士兵。承浩是個步步遵循逆行人生者的七階段模型的經典案例。

　　正如前面所說，Nonawi 的情況也很相似。他在大企業當了九年的上班族，但看到自己喜歡的前輩被解雇後，自我意識解體。據說，在那之前，他沒看過任何理財書籍。九年積蓄只有 3 千萬韓圜（約 69 萬元台幣）。後來的三年，他邊上班邊理財存了 20 億韓圜（約 4 千 600 萬元台幣）。Nonawi 遵循自我意識解體、堅持不懈地閱讀、改變認同感、學習投資到發展自己事業等，穩扎穩打，付諸實踐的例子。因此，他在短期內獲得了巨大的財富。

　　在勝浩和 Nonawi 的成功要素中，他們是「大企業的老鳥」一事，不容忽視。他們都在大企業工作了七年以上，鍛鍊出了工作能力、激烈的競爭力與企劃能力等。因為他們在本身實力就較他人傑出的升級狀態下，開始學習投資，所以往往能較他人更快地取得好成果。

　　走這種路線的人不止一兩個。我最近認識的 31 歲女性「Buse」也是在大企業上班存下了資金。她從 26 歲就開始對房地產感興趣，到 31 歲時淨資產達到了 30 億韓圜（約 6 千 900

萬元台幣）。當然不排除 2021 年房市價格幸運暴漲的因素，但縱使沒撞上這種好運，她應該也能靠著薪資輕鬆存下 10 億韓圜（約 230 萬元台幣）。她走的路線同樣是大企業→學習→投資→事業。她最近離職，為了增加開源，開設了 YouTube 頻道「richworld_buse」。

（2）如果你在中小企業上班

我們先了解中小企業和大企業的不同點。大企業年薪高，但很難學習多種業務。由於你只做大企業某特殊領域的工作，很難看到整體，工作主動性大概會降低。反之，中小企業年薪少，但有機會在幾年內晉升為管理階層。除了分內業務外還要處理各式各樣的事，有助提高經驗值，同時能培養主動性和自律性（排除從事單純、反覆業務的情況）。如果你的工作很適合你，你在職場的評價也很好呢？首先，你可以考慮走管理階層路線。

就業→中小企業→管理階層→創業→投資

當你在中小企業工作的同時，邊實踐逆行人生者的七階段模型，替自己升級的話，你的能力會高出其他同事許多，向公司老闆商談自己的事業規劃等渠道相對開放。此外，能快速晉升也是中小企業的優點（當初和我一起開始復合諮商事業的潤珠和奎東，現在是我們公司的高階主管）。當你成為一名管理人員或幹部，你就能掌管整個業務，其實，在中小企業，業務

被徹底獨立出來的情況也不在少數。從來沒有過三星電子部長獨立經營手機業務的情況，也沒有過 SK 能源的管理階層離職後獨立經營石油事業務的情況。但是，大多數中小企業主管都是獨立的，你有這樣的機會。不過，要是你認為自己不可能成為目前公司的主管，那就走大企業上班族的路線。

就業→中小企業→普通職員→投資→創業

但是，中小企業職員的薪水通常低於大企業職員，因此可能很難存到投資本金。我個人推薦以下路線：

就業→中小企業→創業→投資

我朋友金多恩，31 歲。身為物理治療師的她，從未放棄財務自由的夢想。她從 24 歲開始工作，每個週末都會去聽理財課，一年來，她參加了創業說明會、經濟座談會、各種理財、傳銷業、半永久性化妝講座等。不僅如此，她還聽了關於副業的講座。兩年後，她辭職時可以開始美容業的創業了。後來，她在 27 歲時創立了美容連鎖店「Time reverse」，三年內擴大到一百二十家分店。倒店率接近於零。多恩獲得了完全的自由。

還有另外一個事例。30 歲的高恩主修西洋畫，她讀大學時邊當藝大入學考試的指導家教。28 歲前在美容學院工作，且每週末都參加創業相關講座，參加業界老闆指導的學程，聽每小時 10 萬韓圜（約 2 千 300 元台幣）以上的昂貴講座。她看著美

容學院老闆,決心要自己創業。她從公司辭職的同時開了一家美容院,她已經了解了業務的所有結構。勝浩和高恩都不是富二代,但是他們善用了週末的時間。事實上,他們在上班的時候也很積極、主動。

　　愚蠢的人往往會陷入一種幻想:我努力工作,賺到的只有老闆吃飽。所以他們工作時,只會做分內事。這意味着他們無法提升自我。工作對他們來說,就像拿人薪水,去上補習班一樣。風險由老闆承擔,而自己則有機會嘗試任何事。這很慌謬。前面提到的兩名女性在上班時,像經營自己的公司一樣努力,間接進行了創業體驗,並且是零風險的。因此,她們日後可以輕易地獨立,並獲得財務自由。

▌ 2、學、經歷不足族群

　　你可能年紀太大,很難就業,也有可能像過去 20 歲出頭的我一樣,因為沒有學歷也沒有經歷,找不到工作,或是因為離職或請育兒假等原因,處於職場空窗期的狀態。另外,如果你從事不限學、經歷的送貨司機、代理駕駛等一類工作,藉以存投資資金的,也屬於這一類。屬於這一類的人會認為靠自己無法實現財務自由。我曾經是那樣的狀況,所以很清楚你的心情。為了採訪這種情況,我打給了三個曾是學、經歷不足的勞工,但後來賺到數百億韓圜的資本家。以下是他們的事例:

案例 1

「宋事務長」在一家夜店當了四年多的名不見經傳的樂團成

員。周圍的人說他會一輩子遠離財富，但他並沒有放棄。因為他沒有可看的學歷或資歷，他只做了三件事：看經濟報紙、聽講座和閱讀。每當他在夜店休息室看報紙或看書時，周圍的人經常嘲笑他，但他不斷地學習投資，最終他靠投資房地產賺到了錢，經過事業→投資的路線，成為數百億身家的資產家。

案例 2

YouTuber「冷哲」在高中畢業後上了體大，他發現這世上有很多天生擁有驚人體格的人。相反，他認為自己平凡無奇。由於飽受貧困之苦，對社會的不滿持續積累，每當有人瞪他或找碴時，他就會毫不留情地動粗。他不想這樣下去，於是研究了富豪們的過去。最終他得出結論：所有的富豪都是透過房地產和股票致富的。之後，他開始去圖書館讀股票相關書籍。他邊從事送貨工作，邊存了 1 千萬韓圜（約 23 萬元台幣），後來開始炒股。他 30 歲出頭時坐擁了 30 億韓圜（約 6 千 900 萬元台幣）資產。他認為自己以後將一帆風順，踏上了夢寐以求的環遊世界之旅（據推測，他目前擁有數百億韓圜資產）。

案例 3

《年輕富豪如何通過 SNS 日入 2 千萬韓圜？》（젊은 부자들은 어떻게 SNS 로 하루에 2 천을 벌까？）的作者安惠彬（音譯），21 歲結婚，生下兩個孩子後已 24 歲。她沒有學歷與經歷，生了兩個孩子，完全被隔絕在職場之外。她厭倦了打工，想好好賺錢。從這時起，她開始聽行銷課，讀了一百多本有關品牌和行銷的書。一年來，持續地學習賺錢方法。此外，她用十幾

個打工賺來的積蓄，聽了昂貴的講座，課堂上幾乎都是 40 歲以上的人。之後，四個月後她開始賺錢，月收入達到了 500 萬韓圜（約 11 萬 5 千元台幣）到 1 千萬韓圜（約 23 萬元台幣）之間。幾年後，她出版了兩本書，開創了自己的事業，26 歲時，她的月收入超過了 2 千萬韓圜（約 46 萬元台幣），從此擺脫金錢的束縛。

如何？學、經歷不足的人們也和大企業職員與中小企業職員走的路線類似，經過了閱讀、聽課的過程。讀到這裡的讀者大概問有「真的只有這樣？為什麼不告訴我真正的祕訣？」但是，這真的就是全部（具體的賺錢方法都放在附錄）。

大多數人厭惡學習賺錢的方法。那是因為自我意識在阻礙。但上述成功事例中的人都做好成為一名逆行人生者的充分準備。通過承認「我沒有錢，而我需要錢」的想法，完成了自我意識解體。於是，他們找一些比自己更厲害的人，花錢拜師。這類人相信有賺錢的方法，投資未來價值。他們還有一個共同點是，雖然他們自己沒有意識到這一點，但他們都遵循了七階段模型。

如果你因為學經歷不足，而難以謀生呢？先去做個什麼都可以。外送打工也好，兼差也好，只有順理人生者才會說「你以為我是為了這份工作才上大學的嗎」的話。放下自尊心，反而是比任何消除自我意識方法都來得重要的行動。你必須違逆本能。

什麼都好。每件事都蘊含著世間的道理，有值得學習的地方。我在電影院打工遇見人生的轉折點。在電影院工作時，我學到了很多社會化所需的東西，如：基本禮儀、上司與下屬關

係、對待客人的方法、與同事對話的方法等。另外，透過閱讀心理學相關書籍，也學到「電影院的人們和顧客心理」。這是我人生中最大的改變。所以，如果你只是在找一份「爽缺」打工的話，那真的是浪費時間。你要用積極的態度，什麼都放手一試。如果我還年輕，我會嘗試所有我能做的事。與其窩在家裡花兩年時間準備創業，不如平日三、四天打工，晚上去當代理駕駛，超市凌晨送貨，Coupang man 送貨員等。即使從事的不是體面的工作，但只要保持謙虛的學習態度，你就會看到各種機會。那些成為富翁的人，很多人都說學、經歷不如人的時候培養出的毅力，在危機時發揮了很大的幫助。只要一書在手，世界各地都是你的學習場所。如果只是盲目地去打工、玩樂喝酒呢？你改變生活的機率為 0%。不踢球，又怎能踢出好球？

▌ 3、專業人士

專業→高薪→創業→投資

　　這裡所說的專業並不限於醫生、律師，而是指所有具有專門技能的職業，如設計師、空調維修技師、心理咨詢師、窗戶清潔工等。坦白說，只要你有專業知識，並遵循七模型，我敢打包票說你一定能成功。

　　因為如果你已經具備專業知識，那麼只需要加強市場行銷，你就能輕易取得成功。然而，大多數專業人士自我意識強，難以接受新事務，認為「我是律師，難道要我降級，去做看起來廉價的行銷」、「我可是大師，顧客應該自己來找我」等。在

此隱藏着巨大的機會。我創立的 Isanghan 行銷公司是一家綜合行銷公司，目前已經壯大成擁有一百名員工的公司。Isanghan 行銷在初期作為專門職業行銷公司，大幅成長，目前，在律師與醫生的行銷方面，保持全國領先地位。客戶上門委託我們公司進行行銷，我們公司會嚴格審核後，再決定是否接案，通常需要等三個月以上。而我每週大概會接到一兩次私下拜託，企業家會對我說：「我認識的醫院院長說他找了你們公司三次，三次都被拒絕了，怎麼會這樣？」

我對 Isanghan 行銷策略充滿自信，甚至引入了全額退費制度。為什麼呢？因為這些專業職業只要進行行銷，大多數情況下都能輕易取得成功。因為大多數技術人士或專業人士都有奇怪的堅持和以及對自己工作的執著，往往不喜歡行銷。從某種角度看，正是這種堅持造就了他們的專業性。而這是一個完全沒有競爭者的市場，只要進行一些行銷活動，就能產生巨大效果，因此專業職群隱藏着巨大的機會。你問我說這種話有沒有證據？我設立 Isanghan 行銷公司，第一位客戶兼熟人趙律師，透過我們公司的行銷，實現了財務自由。

今天早上，我在 YouTube 上看到一支影片，名為「工作三天賺進一年年薪的 35 歲清潔工」。我在點開該影片前，先行預測：「這個人一定進行了類似《逆行人生》附錄中提到的部落格行銷。」當我看完影片，我的預測完全命中。該名窗戶清潔工透過部落格行銷佔據了該地區的訂單。大多數的窗戶清潔工都對市場行銷不感興趣，因此，只要稍加行銷，他每天就能輕鬆賺入五十萬到一百萬韓圜（約 1 萬 1 千元到 2 萬 3 千元台幣）。因此，我認為專門職群是相對容易的領域。

以下是另一個事例。

我的一名男性親戚，他年紀比我小，30歲，過去開過好幾年的手機代理店，月營業額一度達到1千萬韓圜（約23萬元台幣）。但由於新冠疫情與競爭對手的出現，月營業額跌到了600萬韓圜（約13萬8千元台幣）。三年多來，店裡的月營業額一直停留在600萬韓圜（約13萬8千元台幣）。焦慮的他有一天喝了酒到我家，向我傾訴擔憂，希望透過新的事業取得成功。我回答他：「你有腦子嗎？你擅長經營，也有擅長向客戶介紹商品的口才。七年來，靠賣手機積累了專業知識，月入六百萬韓圜（約14萬元台幣）。這是你的拿手絕活，你要轉換跑道？這不只是在逃避。你在最擅長的領域能賺月入六百萬韓圜，你以為你轉行能做得更好？你根本沒行銷過自己，首先，你先設定目標，每個月靠賣手機，月入一千五百萬韓圜（約35萬元台幣）。現在放棄，那是失敗者才會做的事。」然後，我給了他一項功課。我要他學部落格行銷，寫一個禮拜的文章，並閱讀網路行銷相關書籍。一週內出現了些許效果。他透過部落格文章，每天平均增加一通諮詢電話。我在這裡看到可能性，給出了另一個建議，「現在你的營業額大概是600萬韓圜（約13萬8千元台幣）。如果我幫你一個月內達到1千6百萬韓圜（約37萬元台幣）以上，你要給我20%的分紅。」他慎重考慮後接受了我的提議，我透過部落格行銷，一個月內替他賺到了2千200萬韓圜（約50萬元台幣）。從那之後，他對我的話深信不疑，讀了所有我推薦的書，正在努力實踐22策略。他的店早已獨占了那一區的業績。還有，他在這本書出版之前搶先看了PDF檔，沒過多久，他的月收入達到了4千萬韓圜（約92萬元台幣）。這些事不過發生在短短一年內。

　　成功的秘訣很簡單。我的親戚長期從事手機業務，已經具

備了該領域的專業能力，與我見面後，他學習並實踐了基本的網路行銷（尤其是部落格行銷）。僅此而已。如果你已經具備了專業能力，只要多增加這種程度的知識，就能得出好結果。大部分的人只是不得其法。我的第一次創業也是因為我有一定的專業能力，才取得巨大的成功。

有人可能會說，我的親戚只是個別事例，也許這樣合理化會讓他們心裡感覺比較舒服，但我的親戚絕對不是個別事例。請在 YouTube 上搜尋 Isanghan 行銷，你會看見我採訪過不同專業背景人士的成功案例。如果你已經有一技之長，現在是你該進行行銷的時候了。學習行銷並不難，而且是必須的。

你是公司的設計師嗎？首先，你要實踐逆行人生者模型，成為公司不可或缺的人。但你如果沒拿到理想薪資，你可以逐漸朝自由工作者發展，經營 Kmong 等自由工作者接案平台，不斷研究市場行銷，之後，你還可以架設一個網站，進行創業。你說知易行難，問我有沒有成功的案例？截至 2023 年，Kmong 的數十家商標公司和設計外包公司的老闆大部分都是我的學生。 從 Grida 到 HERUE，數百家公司接連成立，而透過這些公司實現了財務自由的人不勝枚舉。 最近，令我印象深刻的成功事例之一是 Alzal Studio 商標設計公司。如果你是私人診所醫生，你學習網路行銷後的營業額會比現在多出好幾倍。律師也一樣。Isanghan 公司負責代理醫生、律師等的行銷，每個月收費為 400 萬韓圜到 500 萬之間（約 9 萬 2 千元台幣到 11 萬元台幣），續約率卻在 97% 以上。這些絕頂聰明的菁英會續約是有原因的。如果你現在的專業是這些領域，你只要學習網路行銷

的基礎，就可以達到截然不同的水準。不管你是冷氣清潔專家，還是水管工，在專業技術的基礎上再加上行銷吧。你可以反問我：「如果我的競爭對手讀了這本書，這個方法就行不通了，不是嗎？」不是的。世上大多數人都過著順理人生者的生活，哪怕讀了這本書也會嘲笑地闔上書。因為基因錯誤啟動，他們不會學習新的事物，還有沒優化的大腦會造成他們讀書的障礙。所以，你是那一區最特別的生意人，你可以在那一區稱霸。某個在 Isanghan 行銷公司的行銷活動短暫實習過的實習員工，利用他學到的市場行銷技術幫助父親的生意，並獲得了巨大成功。如果我要在這裡把部落格行銷解釋得一清二楚，可能篇幅會太長，因此，我打算將「部落格行銷的基本原則」整理成文章，上傳到我的部落格，設為公告文章。

作業 今天立刻抽時間去書店，翻閱至少二十本的行銷相關書籍，買下三本你喜歡的書。

4、事業家

事業家不僅指經營事業的人，還包括了自營業者、零資本創業者、有資本創業者等，所有進行營業登記的人。這一類人根據有無資本，又可分為零資本創業者與有資本創業者。

(1) 零資本創業

有可能是因為你的學、經歷不佳或年紀大的關係，讓你找不到工作。這時，你有必要立即準備零資本創業、開設

YouTube、產出內容等。當然了，因為你現在沒工作，所以你必須找點事解決生計問題。如果是我，我會去當代理駕駛、打工、打零工等，與此同時，實踐逆行人生者的七階段模型和五種學習方法。我要介紹一些這類路線的好例子。

2020 年 4 月，一名 21 歲的青年突然匯了 1 千萬韓圜（約 23 萬元台幣）給我。他說：「多虧了您，我在兩個月內賺了 5 千萬韓圜（約 115 萬元台幣）。」就像第六章提到的一樣，他從我的部落格看到了「花一天週日，透過零資本創業，獲得財務自由」的文章之後，付諸實踐並獲得成功。在我收到匯款五個月後，我突然好奇他過得怎麼樣。我想著也許他失敗了，於是搜尋了一下，結果我發現他在商標製作公司的戰場 Kmong 平台上以壓倒性優勢排名第一，還被選為 2020 年「Kmong 最佳設計公司」。他對設計一竅不通，沒有相關領域的知識和人脈。只是徹底實踐了我說的方式而已。他雇用弘大美術系畢業的職員，善用了人才。那麼他讀過的那篇文章到底寫了什麼？以下是我略作修改後的內容。

> 如何實現零資本創業？第一，現在是行動通信和網路時代。過去，創業者只有在商圈租店面，經營該區的生意。創業資金至少要5千多萬韓圜（約115萬元台幣）。然而，現在是賺錢的最佳年代。我們透過免費網站與免費行銷可以吸引來自全國各地，有需求的消費者。
>
> 零資本也能創業的第二個理由是，不需要豐富經

驗。我的事業哲學就是未必要專家才能幫助超級新手，新手就能幫助超級新手。絕對有超級新手想以低廉的價格得到幫助。這時候，哪怕幫忙的人是新手也沒關係。在網路出現之前，情況不是這樣的。假如我開了一家美髮店，而附近出現比我優秀的競爭對手，我就會倒閉。這是因為固定成本。當時是只有專家才能生存的世界，但現在並非如此。現在是新手靠著幫助超級新手就能賺錢的時代。作為參考，我根本沒有設計天賦，沒使用過任何軟體。然而，如果我現在成立一家商標公司，我有信心按照以下流程做的話，我能每月賺3千萬韓圜（約69萬元台幣）。

1、利用免費網站設立平台，創建一個商標設計網站。

2、調查商標設計的市場價。據我確認，專家製作的商標起價至少為10萬韓圜（約2千300元台幣），Kmong的定價為5萬韓圜（約1千100元台幣）。因為我是新手，所以我會把商標製作價格定在2萬到3萬韓圜（約460元台幣到700元台幣）之間。另外，我會委託商標公司以了解商標公司的接案模式。通常，商標公司會提供三個草案，然後因應客戶的需求，縮小範圍。所以，我也會準備三個草案給我的客戶。

3、利用製作商標的平台設計商標。有幾十個國外平台，如ilmweb、Wix、mango等，能在三十秒內設計出一個商標。

4、每天花5千韓圜到1萬韓圜（約110元台幣到230元台幣）不等的價錢，購買instagram贊助商廣告，發布廣告，或是通過Kmong打廣告。另外，也可以利用NAVER部落格、Instagram、YouTube等做免費行銷。參考一提，我沒花半毛錢就成功地進行了所有的行銷。

5、為了提高網站的信賴度，我會採用「六階段平衡理論」（詳細內容，請參考Isanghan官網上的專欄）。

6、客戶的訂單逐漸上門，過一兩個月就能理解客戶偏好什麼樣的設計。從這時開始，時間會大大地縮短，顧客滿意度也將大幅提高。當你的淨利達到每月300萬韓圜（約6萬9千元台幣）時，你就可以進入下一步。

7、到了我要提高單價的階段。我邊接單，邊認真學習商標相關知識。我會看有關設計實務的書，分析業界第一名企業的作品集，上設計補習班或聽相關講座。

8、漸漸地，我的口碑和行銷出現需求過剩情況。當委託單多於我所能負荷的量時，我就會逐漸調漲價格以控制需求。

9、為了事業自動化，我會聘請職員或培訓工讀
　生。同時，我會把我設計的商品分成高級，
　中級與初級，進行價格差異化。當銷售規模
　擴大時，我就會成立公司。之後，我會邊閱
　讀商管書籍，邊學習如何擴大我的公司或開
　拓B2B市場等。

１０、商標公司差不多穩定了。我會擴大到與商
　　標有高度相關的周邊事業（如網頁設計、
　　橫幅廣告、網頁製作）。

１１、我將以此次成功經驗為基礎，挑戰其他領
　　域的零資本創業。

第7點之後是發展成公司的形態，事實上，就算
只實踐到第6點，也足以溫飽無虞。

這篇文章上傳後，人們取得了什麼成果？

一位 21 歲的青年創立了 Grida 公司，並獲得 Kmong 大獎的；
一位從事貼紙事業的 26 歲女性，因我建議她零資本創立一家商
標公司，於是她改變了路線，創立了名為 HERUE 的商標公司，
一年內迅速成長。目前在鶴洞十字路口附近與十五名職員一起
工作。

在我進行實體活動時，他們說：「我現在靠著事業，每月
賺進 1 千萬韓圜（約 23 萬元台幣），非常感謝您。」他們一致
表示：「我是看到上面的文章後開始創業的。」所以「沒有特
長」、「沒有資金」這種說法是行不通的。新手教授超級新手

的市場處處可見。如果你有自己平時感興趣的領域，你可以進一步提高實力，達到初步水準後再創業。你覺得我前面說的太難了嗎？還有更容易的創業項目，只要有一個健康的身體就能開始。我會將那些創業項目放在最後的附錄。

(2) 有資本創業

有資本創業比零資本創業容易。但諷刺的是，創業雖然容易，但畢竟不是以網路為基礎的，所以很難賺大錢。

乍想之下，你可能會覺得奇怪。為什麼投入資金創業卻很難賺大錢呢？讓我們說明一下。以我的 PDF 書籍銷售事業為例，我每天以每本 29 萬韓圜（約 6 千 700 元台幣）的價格販售六本書，一個月能獲得 5 千萬韓圜（約 110 萬元台幣）的淨利。但是，以咖啡廳事業為例，就算我經營得再好，因店面大小受到限制，每月很難賺到 1 千萬韓圜以上（約 23 萬元台幣）。另外，實體創業的人事成本、雜費、材料成本等固定成本較高，還有，如不是能二十四小時營業的類型，還會受到營業時間的限制。不過，實體事業的優點是，與不是成功就是失敗的零資本創業相比，在初期更容易站穩腳跟。如果我以前有 1 到 2 億韓圜（約 230 萬元到 460 萬元台幣）的資金，我可能會嘗試簡單的個體營業，透過試錯進行升級。因為創業初期重要的不是月收入，而是經驗。有資本創業的科技樹如下。

1、依循逆行人生者的七階段模型。

2、如果你要開咖啡廳，要閱讀二十本與咖啡廳

相關的書；如果你要開烤肉店，要閱讀二十本與烤肉店相關的書與行銷書。僅只如此，你就足以在你的領域打遍天下無敵手。

3、學習能打廣告的平台，如Instagram、部落格或YouTube上做廣告的平台。還可以看相關的書，或聽課。不用抱太大的期待，簡單地把書裡所說的行銷手法一步步付諸實踐。請在NAVER上搜尋我之前的文章之一「聰明定位均衡理論」（스마트플레이스 밸런스이론）。

4、終結。事實上，沒有自主營業者會實踐1、2、3步驟。只要你認真按部就班做，就能成為那一帶的前10%佼佼者。

5、還有下一步嗎？你要遵循22策略，要透過大腦自動化提高智力。還有你必須提高解決問題的能力。另外，自營業者可以透過加盟，擴大直營店數量、拓展新業務等方式壯大公司。

正如我前面所說，我最近開了威士忌酒 infini 吧和慾望書吧。慾望書吧原本不是為了賺錢，而是為了自我實現的空間。因為我希望人們在那裡能想出和我一樣想出好的點子。但經營了一段時間之後，現在已經成為了有名的咖啡廳。在江南區咖啡廳裡爭奪 NAVER 評分的前兩名。不久前，也被報紙和節目介紹。每次說到這裡，一定會有人反問：「那是因為慾望書吧

有屋頂空間，室內裝飾也很漂亮。」

　　慾望書吧在我收購之前就已經是一家書店咖啡廳，我去過兩次，但有一次我是唯一的客人。那家書吧一天的客人只有兩到三組，門庭冷落。我直接收購下來，重新開幕的時候，我並沒有做什麼特別的行銷，我只是希望人們在搜尋「首爾書吧」時，它能出現在前幾名就可以了。我在網上搜尋如何讓 NAVER 地圖搜尋排名靠前的方法，發現原理很簡單（該方法也寫在我的部落格上）。

　　我只是簡單地更新了 instagram，慾望書吧一開幕就在 naver 地圖躍上搜尋第一名。同一個地點，過去月營業額不到九十萬韓圜（約兩萬元台幣），在我收購兩個月後，月營業額達到了 2 千萬韓圜（約 46 萬元台幣）。這真的是我做的全部。你不需要勉強多做任何事，生意才會好，只要做必要的事就好了。那你怎麼知道什麼是「必要的事」？我希望你能回到逆行人生者的七階段模型，並記住在本章中提到的兩種賺錢方式。慾望書吧會帶給人們幸福感（當然，在我心裡，我將慾望書吧視為零利潤的地方。每當產生收益時，我就調低咖啡價格等，將焦點放在為人們提供優質服務）。

是什麼強化讓我變得富有的本質？

　　如果你去鄉下學校商圈或文具店，你會發現它們過了十年

或二十年，往往還維持着老樣子。如果它們開在市區的話，很快會在競爭中被淘汰而倒閉。它們之所以能存活於學校商圈，是因為沒有競爭對手，縱使不作任何改變，照樣能生存。

失敗的經營者會找藉口，責怪員工，自己卻什麼都不做。倒閉的企業沒有強化本質的概念。由於他們沒有解決問題的能力，最終只能眼睜睜看着公司關門大吉。

我收購慾望書吧時，看中它的眾多優點：位於江南繁華地段，有屋頂陽台，室內裝潢出色、景色優美，環境安靜。非常適合經營書店咖啡廳。雖然它有這麼多優點，不過因為它的缺點更多，導致月營業額僅一百萬韓圜左右（約兩萬三千元台幣）。

1、樓梯很有情調，但太長了，爬上去很累。

2、屋頂陽台的桌子不錯，但是看向外面的視線會被擋住。

3、在廁所上廁所時，擔心被外面的人會聽到聲音。

4、屋頂草坪沒有妥善維護，土壤經常龜裂。

5、招牌位置不夠醒目，不易引起人們的注意。

6、書店咖啡廳裡太安靜，擔心快門聲被聽見，缺少自拍區。

7、搜尋書店咖啡廳的時候，搜尋能見度不足。

能力越差的老闆，在遇到問題時越可能說：「這我也沒輒」。

1、樓梯很有情調，但太長了，爬上去很累。

　　→在樓梯中間加入感性的文字或名言等，讓顧客在上樓的過程中可以閱讀。因為每步都可以閱讀一句，在心理上不會覺得「樓梯太長了」。

2、屋頂陽台的桌子不錯，但是看向外面的視線會被擋住。

　　→撤掉桌子，改放露營椅，再鋪上人工草坪，使內部看起來更舒適。

3、在廁所上廁所時，擔心被外面的人會聽到聲音。

　　→購買USB音響並播放爵士樂。如此一來，外面的人聽不到裡面上廁所的聲音能放鬆上廁所的人的心情，減少不適感。

4、屋頂草坪沒有妥善維護，土壤經常龜裂。

　　→屋頂草坪換成人工草坪，如此一來，一年四季都能保持綠意盎然。

5、招牌位置不夠醒目，不易引起人們的注意。

　　→在二樓陽台玻璃上用大字寫上「慾望書吧」，並製作招牌，設置在外面。

6、書店咖啡廳裡面太安靜，擔心快門聲被聽見，缺少自拍區。

　　→在外面樓梯安排自拍區，讓顧客能拍出美

麗的照片。照片自然而然地會傳出去,是一
種變相行銷。

7、搜尋書店咖啡廳的時候,搜尋能見度不足。

→佔領搜尋「首爾書店咖啡廳」時的第一
名。要是每天能多拉五名新顧客光顧,一年
就能多一千八百名。顧客的口碑宣傳效果,
或NAVER部落格心得分享,都能是行銷助
力。

如果想透過做生意賺錢,只需專注於「強化本質」和「行
銷」這兩方面就夠了。谷歌之所以能成為全球大企業之一,是
因為數千名程式設計師每天都一起努力加強搜尋引擎的本質。
大創之所以能每年維持高成長率,是因為它優化了低效率的「流
通結構」,強化了其本質。世界上每個企業都會遇到各自的問
題,已經賺進大把鈔票,近乎完美的企業也在不斷地繼續強化
自身本質。

讓我們看看 iPhone。每年,數千名的開發人員齊心協力地
改進 iPhone 的設計與功能,推出新一代的 iPhone。酷澎帶給了
全韓國人便利,不過直到最近,它才轉虧為盈。這是因為最近,
它裝貨、卸貨時採用了機器人,解決了低效率的問題。這也是
強化本質的一種形式。

「經營企業」並不代表你可以因為你是老闆就可以耍廢。做
生意不是一款爛遊戲,只要坐在那裡,什麼都不想,錢就會從
天上掉下來。不管是哪個行業,都不可避免地存在效率低下的
問題,必須解決問題,以強化企業本質。只有在這方面取得成

功的人才能獲得回報。如果你只根據自我意識進行合理化，最終只會迎來倒閉。我希望你記住強化你的本質，還有為了強化本質，你需要問題解決能力，而想要有出色的問題解決能力就必須有高智商。

在第七章中，我們討論了實現財務自由的方法，我介紹了獲得財務自由的人走的路線，以及根據每個人的人生現況，和實現財務自由的演算法。由於幾乎沒有這一類的文章，你一開始會感到很陌生。但要是你不付諸實踐，它就不會對你有太大的影響，很快就會揮發掉。首先，為了掌握完整的知識，你要先概括並整理各種路線，並制定想法。你也可以回想一下周圍的人，試圖舉例。另外，請一定要把你寫的東西上傳到部落格或任何記錄的地方。我相信你透過這種方式，進行實踐後再重新閱讀，感受到的內容會大不相同。先不說其他，單僅認識到「在實現財務自由方面，存在著明確的公式」，我認為本書就已達到了其目的。

「你應將明智之人的失誤作為標準，
而非蠢人的完美。」

　　　　——威廉 · 布萊克（William Blake）

Chapter 8

逆行人生者的第七階段
逆行人生者的轉輪

逆行人生者將薛西弗斯的
刑罰轉化為升級的機會

如果你是聰明的人，肯定會提出這樣的問題：「要多富有才能幸福？自責真的幸福嗎？什麼是幸福？」為了解決這個問題，我很晚才進入哲學系，不斷地詢問什麼是幸福，但從某一刻起，我不再問了。因為我領悟到了屬於我自己的真理。從那以後，我就不再好奇如何才能變得幸福。因為我一直都很幸福。

希臘羅馬神話中，有一個叫薛西弗斯（Sisyphus）的人物。他犯了罪，被處以一輩子滾石頭的刑罰。冥王黑帝斯下令，要他把石頭推上山頂，而每次登上山頂後，石頭又會滾回山下，薛西弗斯必須把石頭重新推回山頂，如此永無止境地重複。是真正的懲罰。我們的人生也與此相同。假設有一個人「想要完成愛情」，這個人和薛西弗斯一樣，面臨著許多任務。

1、屢次戀愛失敗。

2、雖然在失敗中受到傷害，但最終還是遇到了另一半。卻反覆發生矛盾。

3、雖然結婚了，但是和配偶的矛盾加深。

4、有了孩子之後，所有的心思都放在照顧孩子上，多了很多工作。

5、在孩子長大成人之前，會陸續發生學業、入學考試、健康等各種問題。

6、孩子獨立的空巢期導致生活變得空虛。

被處以滾石之刑的薛西弗斯

7、開始尋找人生的意義。

8、重複成與敗，直到死亡。

　　不管你是大企業的會長，還是世界頂級足球選手，都必然面對上述的許多問題。年薪 1 億韓圜（約 230 萬元台幣）的人想變成 2 億韓圜年薪（約 460 萬元台幣）。擁有 100 億韓圜（約 2 千 300 萬元台幣）資產的人說：「雖然現在也不錯，但我希望我的資產能達到 300 億韓圜（約 6 千 900 萬元台幣）。」稱霸韓國的企業家說：「我想稱霸世界。」世界最優秀的企業家伊隆・馬斯克（Elon Musk）正致力於「火星移民計畫」。十六世紀統一日本的豐臣秀吉立即發動了侵略朝鮮的壬辰倭亂。當然，人進入老年期後，鬥志旺盛的荷爾蒙會減少，會出現滿足於「現在的生活」的傾向，但讀這本書的你不一樣。

為什麼人類不滿足？這是因為多巴胺。我們設定目標，並在實現目標的過程中同時獲得壓力和快樂。如果你做出成果，大腦就會分泌多巴胺，讓你感到幸福。但這種情緒不會持續太久。我們的大腦會說：「給我更多的多巴胺！制定新的目標！」如果你沒有取得新的成果，大腦就會鞭策你，帶給你「不安」、「憂鬱」、「焦慮」等情緒。

　　我們的人生會不會太不幸了？正如叔本華所說，人生的本質，不是就是痛苦嗎？你可能會這麼想。但我們的人生與薛西弗斯不同。薛西弗斯把石頭推到山頂，也會立即「初始化」，但我們會在設定目標和失敗的過程中獲得成長與智慧，從而獲得更好的生活，然後走向完全的自由。換言之，不同於薛西弗斯，我們會透過升級獲得「自由」的獎勵。

　　自從我開始閱讀以來，我就像薛西弗斯一樣，不停地付出宛如推石頭上山的努力。 但在某個時刻，我完全擺脫了金錢、時間和精神的束縛。現在仍然有人會問我為什麼要工作。雖然現在我在寫書時，依然承受着宛如把石頭推到山頂又推下山的懲罰，但我必須說，我感到自在和幸福。每當我實現了一個目標，我會設定下一個目標，並且努力實現。得益於逆行者七階段模型，我一路以來設定的目標都達成了，且我未曾停止成長，並逐漸取得更大的成功。

　　人類變得像薛西弗斯一樣不幸的原因很簡單。

原因 1. 不知道成長的方法

一個沒有自我意識解體的人，在成長中會屢屢失敗，結果

像薛西弗斯一樣原地踏步。對原地踏步發揮決定性作用的是自我意識、基因錯誤啟動、智力與方法的欠缺。然而，知道逆行人生者的七階段模型的人，因為懂得「正確的階段」，不斷執行著這七階段，必定不斷成長。

原因 2. 受到資源的壓迫

人的理智高喊：「金錢在人生中無足輕重。」但本能說：「你一定要賺更多的錢，盡量提高人生的自由度。」因為對豐富資源的渴求得不到滿足。雖然大腦反覆進行合理化，但有其侷限，大腦最終因沒能得到想要的多巴胺而鞭策人類，處以名為「憂鬱」的懲罰。

原因 3. 停止成長，反覆累積自卑感

一個停止成長的人唯一能做的事情就是「把身旁正在往上爬階梯的人拉下來」。因為他覺得自己不會成長了，所以看到別人發展得好就無法忍受，想盡辦法要抓住對方缺點，把他拉下來。他看到同齡層的成功人士會充滿自卑感，而眼見對方墜入地獄，他唯一能得到的獎勵就是「幸福」。但有認同感的人不同，因為有信心，認為「我最終也會成長」，所以縱使看見成功人士，就不會使用「拉人」戰略。他們不會因為自卑感而受傷，而是想見賢思齊。如果你覺得自己無法成長，就會反覆積累自卑感，感到不幸。

要是你遵從先天基因的命令，過著順理人生者的人生，你就會像薛西弗斯一樣，但即使你和薛西弗斯一樣有人生任務，

假如你在執行任務時一直感受到幸福，並獲得人生的自由，你也有可能成為人生的逆行人生者。

要想成為逆行人生者，只要按七階段走就可以了。逆行人生者的七階段模型循環一次時，你不可避免地會面臨「失敗」。如果你的月收入是 1 千萬韓圜（約 23 萬元台幣），那麼之後就是 1 千 500 萬韓圜（約 34 萬元台幣）的目標。然而，這是難度完全不同的遊戲，你必然會面臨失敗。人就是這樣成長的。這世上，不存在沒輸過比賽的網球選手或足球選手。世界頂級運動員都是在數千次失敗中成長，然後迎來全盛期。

1、即使你上小學時有天賦，也敵不過國、高中生。

2、即使你在國、高中時期表現再好，也敵不過職業選手，最終會輸。

3、即使你成為職業選手，也會輸給聯盟的頂尖選手。

4、即使你在聯盟中成為佼佼者，參加世界級比賽，你還是會敗北。

5、即使你成為世界第一，你也會輸給自己過去的紀錄，或輸給後起之秀。

反覆失敗才能成為世界最佳選手；反覆失敗，運動選手才能獲得「世界第一」的頭銜；隨著逆行人生者模式的反覆失敗，普通人才能獲得「自由」的頭銜。

事實上，人生的遊戲是差不多的。因為「下一個目標」一定會比你一直以來面對的敵人更困難。只有失敗才能按下「升級」按鍵。如果你的生活很穩定，多巴胺就會下達「取得新事物」的命令。在獲得這些的過程中，你會反覆經歷痛苦和失敗，這時逆行人生者的七階段模型會成為捷徑。順理人生者在失敗面前，會因自我意識或基因錯誤而錯失「升級」的機會。

◉順理人生者會說著這些話而錯過了升級的機會，如：「都怪A」、「韓國是地獄朝鮮」、「能升到下一個等級的人一定是作弊。不是我的問題」與「都怪我爸媽沒能力，不像富二代從小就能受良好的教育」，錯過了升級的機會。

◉逆行人生者會煩惱：「我設定了更高的目標，失敗是理所當然的。沒錯，就是這樣，現在我要做什麼才能達到下一個等級？要不要先優化大腦？還是先解除自我意識？」

　　你沒必要計較你擁有怎樣的父母、擁有怎樣的基因、你的國家是怎樣的。面對目前的狀況，你要思考你現在該做什麼。按照逆行人生者七階段模型前進，未必一定成為最好的人，至少能獲得人生的自由。

什麼時候能實現財務自由？

　　財務自由何時會到來？我想告訴你正確答案。假定你處於第 1 級。當你經過七個階段，達到失敗點的話，你將「＋1 級」，晉升到第 2 級。你不斷地重複這七個階段，不斷地提高級別，重複執行和遭遇失敗，你在不知不覺間會達到 20 級。雖然在達到這一級之前可能不會產生特別的成果，但你的心智會變得成熟，周圍的人開始變得幼稚，世界開始看起來完全不同。你的動腦速度會變得比過去快，解讀世界的能力也會提高。以前難以理解的書變得容易理解。你養成了閱讀習慣，並開始享受閱讀。

　　當你達到 20 級時，你就會開始看見成果。如果你是上班族，你將從周圍的人獲得更好的評價；如果你開始賺錢，你會開始獲得可觀的收入。從這裡開始，你會隨著慣性快速成長。儘管你可能時不時會受到自我意識過剩的干擾，但你必須反覆執行這七階段和經歷失敗，從而進行自我客觀化。

　　如前所述，僅是閱讀與幻想而不付諸實踐，只會增強自我意識。當你不斷重複七階段模型，你在某個瞬間就會達到第 50級。當你回頭看，你會發現自己已經實現財務自由。由於每個人的天賦不同，有的人幾年就達到，有人十年後達到。沒有必要抱怨。因為你會比按照本能生活的順理人生者至少快三倍。

　　但縱然如此，你次次都會面臨失敗。即使是被譽為世界首富與天才的伊隆‧馬斯克（Elon Musk）也每天在遭受失敗的痛苦。人類越是實現目標，就越希望取得更高的成就，因此不可避免地會設下更高的目標。舉例來說，我透過《逆行人生》

創造了不到一年的時間就創下四十萬本的驚人銷售記錄。每個人都很羨慕我，但我的內心已經設定了一個新目標，那就是「下次，我要在一年內賣出六十萬本」。當然，這個目標難度更高，失敗率也很高。我知道這就像薛西弗斯的刑罰一樣，永無止境，然而因為我清楚失敗反而會讓我升級，從長遠來看，會讓我的人生變得更為富饒，我因此悸動不已。

　　這就是逆行人生者的心態。因為我了解人類的本性，因此我能將本能的恐懼轉變為「幸福」的視角。我再說一遍，失敗意味著你正在升級。基因密碼會對我說：「失敗就像死亡，一定要避免。」但是，我知道那只是基因錯誤啟動。當我違背基因、潛意識與自我意識的命令時，你就會徹底從人生中自由。

尾聲

成為逆行人生者，享受完美的自由吧

21 歲的冬天，那時的我喜歡一個女孩。她畢業於安山最好的高中，長得漂亮，就讀於首爾的名校。與她相反，我仍然過著最糟糕的人生，無法接近她。只能和她一起去教會，努力融入她的生活。

　　有一天，我和朋友在舍堂站邊吃漢堡，邊聊著幸福。她問：

　　「當個有錢人是什麼感覺呢，自青哥？」

　　「有錢和幸福是兩回事。財閥和富豪也會自殺，我不認為幸福在於錢，我相信精神上的東西，所以我對哲學和心理學很感興趣。」

　　她沉默片刻，開口說：

　　「自青哥，我媽說：『秀雅，有錢人不幸福這句話，要先成為有錢人才能說。如果想知道有錢人是否不幸，那先當上有錢人吧』。」

　　我啞口無言。因為我堅信自己成為有錢人的機率為 0%。

　　過了很長一段時間，雖然我不是頂級富豪，但我獲得了財務自由，現在我可以回答「金錢能帶來幸福嗎」的問題了。

　　「金錢並不能保障幸福，但有很高的機率能保障人生自由。」

　　在這本書。我談到了財務自由和金錢，然而，真正想說的主題是幸福。但如果我寫一本關於幸福的書，我想人們不會讀，所以我想以錢為主題，談談幸福的方法。我之所以能擺脫過去的痛苦，專注於我真正想做的事，終究是由於我實現了財務自由。沒有人是為了金錢活，金錢只是獲得幸福的手段而已，矛

盾的是，這正是它重要的原因。

我之所以多次強調逆行人生者的七階段模型，是因為它是實現財務自由的方法，也是讓我感到幸福的方式。從我的人生開始變得順利，我不斷思考：「像我這樣愚蠢又自卑的人，人生是怎麼起了這種天翻地覆的變化？如果把我的成功理論化，我就能把這個方法與其他人分享」，我對自己的經歷感到新奇，從而分析了十多年的原因，經過無數次思考後，將其理論化而成的，就是逆行人生者7階段模型。

特別是，如果你在第一階段沒能讓自我意識解體，你很有可能會感到不幸。渴望進步與成就是人人都有的慾望，然而，在你成為自我意識的奴隸的瞬間，你就會成為老頑固。覺得自己無所不能，忙著勸告年輕人，忙於自衛，忙著在網路留言貶低別人的成就，如：「那是詐騙」、「他會成功是因為他是富二代」等。也就是說，你會變成為了避免自己受傷，剛愎自負的老頑固。如果這種迴避一再出現，你就會不斷錯失機會，兒時夢想過的美好生活也會隨之消失。為了合理化你之前錯失的機會，你別無選擇，只能過著更加扭曲的人生。依舊很難幸福。

我認為第四階段的大腦優化也是接近幸福的方法。如果你能優化大腦，提高智力會怎樣？你的決策能力會提高。人類會變得不幸，大多因為作出錯誤的決策。如果你在人生的每個十字路口都選擇好的方向，竭盡全力尋找可能性，你獲得幸福的機率就會以幾何級數增加。

像這樣，每一個逆行人生者的階段，被我偽裝成一種賺錢的方法，實則都是關於如何過幸福生活的方法。我還不成熟，沒有多大成就，天底下比我聰明，比我富有的人數不勝數。因

此，兩年來，我曾無數次思考我出這樣的一本書究竟是對是錯。

但最終我還是鼓起了勇氣。世界上有許多人生活得像過去的我一樣。我想告訴他們：「你是否覺得這個世界真的很不公平，沒有方法改變？事實並非如此，有方法。有一個公式。我也曾像你一樣感到焦慮、絕望。你就當被騙一次吧。不要過着發表惡意評論或貶低別人的生活。我明白你的心情。試著閱讀吧，解開你那錯綜複雜的防禦機制，如此一來，你的生活將截然不同，這個世界將成為比任何遊戲更有趣。」這也是我想寫給過去的自己的信。

我現在很幸福，從時間裡自由，從人際關係裡自由，從金錢裡自由，期待著每一天，充滿自信，想長生不老，永遠享受這份快樂。我希望和過去的我一樣的人能感受這種心情，我想說：「你認為絕對無法跨越的那道牆，其實沒什麼！」

我的故事到此結束。說不定哪一天我們會有緣相遇，希望到時候，你已經擺脫了與生俱來的命運，成為違逆本能的逆行人生者。

參考文獻
讓我成為逆行人生者的書籍清單————————————————————

等級 1

閱讀入門者值得一讀的書

《富者的遺言》（富者の遺言），泉正人著
沒讀過任何書的人就從這本書入門吧。是本簡單但很棒的書。

《拯救手機腦》（Insta-Brain），安德斯・韓森（Anders Hansen）著
說明活用大腦效率的重要性，最簡單的入門書。

《切了番茄就有了飯館，拔了酒塞就有了居酒屋》（トマトが切れれば, メシ屋はできる、栓が拔ければ, 飲み屋ができる），宇野隆史著
在創業相關書籍中，是最簡單並具有洞察力的書。

等級 2

如果你看得懂等級 1 的書就值得一讀的書

《48 Hour Start-Up: From Idea to Launch in 1 Weekend》，Doherty, Fraser 著
創設 SUPERJAM 的作者是 20 多歲的超級富豪 Doherty

《一週工作四小時》（The 4-Hour Workweek），提摩西・費里斯（Timothy Ferriss）著

是與《快速致富》、《富爸爸，窮爸爸》並列為財富自由類的最知名書籍

《The Entrepreneur Equation》，Roth, Carol / Port, Michael 著
是女性企業家 Roth Carol 的著作。透過這本書可看出事業與生意的差異，
書中的概念影響我至深。

《別再錯用你的腦》（脳を最適化すれば能力は 2 倍になる），樺澤紫苑著
精神科醫生的著作，是我最近讀過最棒的書，腦科學相關書籍中比較簡單
的。

《How to Fail at Almost Everything and Still Win Big》，Adams, Scott
給了提摩西 · 費里斯著作《人生勝利聖經》靈感的書，簡單好讀。

《Rush》，Buchholz, Todd G. 著
本書作者為國際知名經濟學者，負責白宮經濟事務的秘書官。雖然介紹了競
爭與進化，但最終告訴我們什麼是幸福。

《除了死，都只是擦傷》（死ぬこと以外かすり傷），箕輪厚介著
日本天才編輯寫的關於賺錢之道的書。

《快速致富》（The Millionaire Fastlane），MJ · 狄馬哥（MJ DeMarco）著
探討財務自由的名著，出版了許多年，仍值得一讀。

《創意黏力學》（Made to Stick），奇普 · 希思（Chip Heath）著
數千年口傳的文章究竟存在何種規律？對事業與行銷感興趣的人必看。

《Unscripted》，MJ · 狄馬哥（MJ DeMarco）
作者出版《快速致富》五年後的新作。我認為比前作更勝一籌。

《長久的工具箱》，全中煥（音譯）著
想了解進化心理學的話，必讀。

《Game Changers》，Dave Asprey 著
是矽谷鬼才 CEO 兼防彈咖啡創始人的著作，描述如何駭入人生。

等級 3

能看懂等級 2 的書的話，我想推薦我的人生聖經

《**Brain View**》，Hash-Georg Hausel 著
能了解人類的整體心理與購買心理

《**快思慢想**》（Thinking, Fast and Slow），Daniel Kahneman 著
作者為行動經濟學創始人、獲獎諾貝爾經濟學獎的天才心理學家。有些難度
但應該要挑戰閱讀一次的書。

《**The Evolution of Desire**》，David M. Buss 著
只要讀這本書，幾乎能了解人類所有的心理構造。

《**大腦超載時代的思考學**》（The Organized Mind），丹尼爾・列維廷（Daniel Levitin）
告訴我如何有效地使用大腦，改變我人生的書之一。

《**The Intelligence Paradox**》，Kanazawa, Satoshi 著
提到人類的行為模式隨著智力的不同，會有什麼樣的變化。

《**Kluge**》，蓋瑞・馬庫斯（Gary Marcus）著
提到人類心理謬誤的書。

特別附錄

馬上就能賺錢的
零資本創業項目

批判主義者是這樣評價這種書的：「說要教你如何成為富翁，卻沒有具體的方法論！」我也同意。無論看哪一本暢銷書都不會有方法論，所以我特別準備了。我會具體介紹賺錢的方法和趨勢，意思是「我將告訴你每月能賺 1 千萬韓圜（約 23 萬元台幣）以上的事業項目和將其商業化的方法。」如果去看我的部落格就會知道，有很多人透過我的幫助，每月賺 3 千萬韓圜（約 70 萬元台幣）以上的人。光是上個月，就有三人對我表示感謝，一人匯給我 1 千萬韓圜（約 23 萬元台幣）。也就是說，方法論確實存在。

本書中出現的概念並不單純是為了「創業者」。不管你是Youtuber、藝人、運動選手還是上班族，逆行人生者的七階段模型是對所有從事經濟活動的人都有幫助的概念。下面的例子是「零資本創業」，但僅因為這部份是我的強項才加以敘述，希望你不要將這本書誤解為「關於怎麼創業的書」，那些例子並不是告訴你如何成為有錢人，而是證明「財務自由是真實存在」。這就是為什麼我把它放在＜附錄＞裡。

但是，縱然我直說「如何立即賺錢的方法」，大多數的讀者也不會去實踐。因為你的自我意識會放棄這個資訊（第二章），你的認同感會說：「你不是一個能賺錢的人。」（第三章）基因錯誤啟動將會下達「迴避新資訊」的命令（第四章），而且由於你的大腦沒有優化，它無法解釋與理解資訊（第五章），因此，不停循環逆行人生者的七階段模型非常重要。事實上，其他書的作者正因知道「方法論無關緊要」，所以不會分享給你。正如前面所說明的，優化大腦能使問題自動浮現，並養成解決問題的能力。重要的是提高智力，而不是每天告訴你賺錢的方法。因為那就像教一個缺乏肌力的小學生奧運選手所需的

技巧一樣。而且，為了正確說明賺錢的方法，需要一本書的篇幅才夠。另外，在你們沒有升級的情況下告訴你們這些，顯然會遭到攻擊性強的順理人生者攻擊。

「你提出的方法是○○○，所以有問題！行不通！」
「你真的做過嗎？真的是親身嘗試過後才說的嗎？」
「那個市場已經是紅海了！」

順理人生者們只會談論不行的理由，是因為比起成功的理由，找到不行的理由，才能避免自我意識受傷。但你要記住，只有與人生背道而馳，你才能獲得自由。要牢記，我們與生俱來的原始本能會帶我們通往與自由之路相反的方向。你不要被本能和基因支配的順理人生者的負面言論所欺騙。

我在這裡介紹的只是眾多事業項目中的一部分。你只需要明白「原來還有這樣的方法」、「透過這樣的過程能賺到錢」就夠了。就像我提出商標事業的想法後，有無數的人實現財務自由的事例一樣，我認為會有很多讀者透過我在這裡提出的項目賺到錢。這些項目可以在沒有任何技術，並且幾乎是零資本的情況下就可以開始。我在一週內就想出了這四個項目。激發創意很簡單，只需思索關於「天啊，有誰能代替我做這個呢」的事就可以了。正如我前面所說，只要你能替人們帶來便利和幸福，你就能賺錢。我創過的每一項事業都是如此。

我看了一個有趣的 YouTube 影片。那是一支達到一百五十萬次點擊率的熱門影片。縮圖是「工作三天賺進一年年薪的 35

歲清潔工」。這個主角的方法顯而易見，絕對與《逆行人生》初版附錄中提出的方法一模一樣。我在附錄中提出的第一個是「特殊搬家及到府組裝服務」。它是不需要任何資金或技術就能成功的零資本創業項目，和擦窗戶是同一類的主題，所以方法必然是相同的。

① 致電到府擦窗服務。

② 觀察對方的工作過程，進行學習。如果有機會，可以拜託專家，請他收你當徒弟，不用支付你薪水。如果你負擔得起，你可以支付他咨詢費。

③ 閱讀部落格行銷書籍或聽課學習。此外，設定一些關鍵字，如「釜山牛岩洞擦窗工」、「釜山門峴一洞擦窗工」等，進行免費行銷。舉例來說，如果你在安山市，你的部落格裡就帶上古棧洞、瓦洞、月陂洞、中央洞等所有關鍵詞（古棧洞擦窗工、安山建築物擦窗工等）。

④ 創業初期，因為實力有限，你必須提供超低價或免費服務。你的自我意識會對你說：「我這麼辛苦，當然要收錢！」不要被自我意識干擾，專注於提高你的實力吧！

⑤ 在實踐過程中，你的擦窗技能將會提高。如果犯錯或客戶索賠，你要無條件退款。不要責怪對方，要反省自己的服務問題，並將需改進事項寫入標準化手冊，強化本質。

⑥ 隨著需求的增加，可能會產生需求過剩的情況。這時，你就可以提高擦窗服務的價格。然而，即使漲價，客戶的需求量依然非常高，超過你一個人所能負荷，這時候你可以透過雇用員工，逐漸擴張成公司。

我能充滿自信說出的方法，都是我親身嘗試過的。我已經靠這個公式成功地多次創業，並且每個月獲得賺一億韓圜以上（約 240 萬元台幣）的收入。在進行分手諮商時，初期我以低價開始，並制定無條件退費制。Isanghan 行銷公司也是如此。如果你了解了上述原理，再觀看 YouTube 上的「擦窗工」影片，你一定會大吃一驚。因為它與我在《逆行人生》中所說的原理完全一致。現在，讓我們一起看一看初版附錄中的「零資本賺錢法」。

1、專業搬家與到府組裝服務

　　這是非常容易的項目，你只需馬上開個部落格，寫上「論峴洞到府家具組裝」、「江南站到府組裝家具」、「瑞草洞到府組裝家具」等關鍵詞，留下幫客戶代勞、組裝家具的文字和照片即可。最近，人們能上網買到便宜的家具、運動器械、衣架等，缺點是需要親自安裝，非常麻煩。你可能喜歡組裝，但很多人對組裝都是厭煩的，不擅長操作工具的人、身材嬌小或力氣小的女性、排斥組裝東西的人比想像中要多。對他們來說，組裝家具不是「因為嫌麻煩，願意花錢讓人幫我做」，而是「我做不到」。所以，只要收費不是太貴，他們就願意付錢請人組裝傢具。你通過部落格進行行銷，開價 2 到 3 萬韓圜（約 460 元到 700 元台幣），替人組裝家具即可（這個過程和第一章我創業成功的方式一模一樣，所以我希望你再讀一遍第一章）。

　　大部分順理人生者或沒有生意經驗的人聽到我的話會這麼說，「誰會花 2 萬韓圜請人組裝」。我敢保證，如果我自己跳下去做，一個禮拜內，每天至少能收到十件以上的組裝申請。

在我向人們介紹復合分手諮商時，總會聽到一些令人厭煩的問題，好比「誰會花這個錢進行分手諮商？」出乎預料，我透過這個項目，每個月賺 1 億多韓圜。

你不是世界的中心。世界上有很多不同的人，他們擁有不同的需求。當你聽說某項事業時，如果你第一個想到「真的有這種需求嗎？」，那你有必要檢視一下你是否啟動了自我意識防禦。在大多數情況下，你是根本不知道有此需求，而非了解這個事業行不通的具體原因。

1－1、運動器材搬家服務

你對這個項目猶豫不決的另一個原因，也是自我意識。有些順理人生者聽到這個項目就會說「要我去做這種不重要的雜事？」讓我以三天前我經歷的事為例吧。

我最近搬到了偏僻的楊平，舊家有一種叫史密斯的健身器材，搬家公司說它不能拆開，搬不了。我只好放棄那個器材，先搬了家。之後，我煩惱要怎麼把它搬到新家，打給了賣它的公司。結果，搬家安裝費要 160 萬韓圜（約 3 萬 7 千元台幣）。花 100 萬韓圜（約 2 萬 3 千元台幣）買來的，搬移費卻更貴。我煩惱許久後，在入口網站上搜尋了「健身器材搬家」、「史密斯機搬家」。令人驚訝的是，當我看見只出現一家「史密斯機搬家」的公司時，我感到絕望。顯然，該公司壟斷了這個市場，要價昂貴，我還有可能會得到「忙不過來，不能接您的單」的回答。不祥的預感總是對的。老闆接電話的聲音，並不是親切的「歡迎顧客上門！」而是以類似「電話有夠多的……怎麼又打來」的語氣，不耐煩地回答我，並且說「目前預約已經滿

到兩週後，沒辦法現在就幫您搬。」

　　雖然大部分人不知道，但世界上有很多人在搬家的時候因為健身器材而吃盡了苦頭。如果你在部落格上不僅寫「史密斯機搬家」，還寫了其他健身器材搬家的關鍵字進行宣傳，會怎麼樣呢？你這家企業肯定會大賺一筆，創業條件也很簡單：

① 健康的身體。

② 可免費架設的部落格。

③ 價值 500 萬韓圜（約 11 萬 6 千元台幣）的二手卡車。

④ 可拆卸所有螺絲釘的工具（可上購物平台酷澎 Coupang
　　購買）。

講到這裡，又有人提出反駁：

（1）如果連買 500 萬韓圜的二手卡車的錢都沒有呢？

　　　　你可以去租，或是每次接到委託單時再去租。
　　　　如果費用負擔過重，就看後面部分吧。

（2）如果去了以後拆卸不開怎麼辦？

　　　　當你接到諮詢電話，你就這樣回答：「即使您
　　　　聯絡其他業者，一樣會需要很長的時間。您可
　　　　以以防萬一，先預約其他企業。每台健身器材

不同，我們這邊有可能會拆卸不了，我今天會
先過去看看，如果我處理不了，我就不收錢，
請不用擔心。」

　　從對方的立場上看，這是無法拒絕的提議。對方不會因為
你而吃虧。你又能用客戶的器械練習。透過試錯，培養專業性，
如果你犯了錯，你就給客戶 5 萬韓圜左右，正常來說，客戶會
回答說：「不，不用了，真的沒關係。」大部分的器材都是能解
決的。當你成功，每個委託案能賺入 20 萬到 30 萬韓圜（約 4
千 600 元到 7 千元台幣）以上，即使只是這樣的收費，你一天
工作四小時，每月就能賺 1 千萬韓圜（約 23 萬元台幣）。如果
你剛開始沒有信心，就收 10 萬韓圜（約 2 千 300 元台幣），
當成培養實力即可。如果想多賺點，你可以把業務範圍擴大到
全國，你只要聘請職員，對所有的健身器材與搬家公司也覺得
棘手的家具，進行部落格行銷就行了，規模擴大的話，你可以
經營搬家公司。我現在不是要你系統化或商業化，如果你覺得
請員工有壓力，那麼你可以一個人處理所有事，先專注在每月
賺 1 千萬韓圜（約 23 萬元台幣）。

　　在一個月前，我才剛扔了我的床，壓根沒想到拆了它，就
連要扔了它都非常麻煩。當我一搜「江南，床，大型廢棄物」，
就出現了我想要的公司。我委託那家公司後，兩名職員來拆床，
替我回收了床，替它貼上廢棄物標籤。我看到他們的工作流程，
很是吃驚，於是問了職員：「你們老闆好像很年輕，事業做得
很好。」然而，我得到了意外的回答，對方說：「我們老闆是
40 歲出頭的女性。」如果你是一名女性，你看著上面我說的項

目，你有可能會想「這我做不到」。但那位女性完全靠這項生意賺錢。所以，你別急著說「我做不到」。先做吧。在失敗的過程中實力會升級。

當然，運動器材搬家事業需要二手貨車，也需要拆卸或組裝健身器材的專業能力。那麼，前面說到的組裝服務是連上述的專業能力都不需要的項目。

1－2、家具到府組裝服務

你該從何開始？這項事業的推進方法如下。你先寫下關於「江南家具到府組裝服務」、「論峴洞，代客組裝家具」、「鶴洞到府 DIY」等，並拍下到府組裝照片即可。如果你想把事業做大，你就把全國的洞與區名都寫出來就行了。當委託的客人上門，每件收 2 到 4 萬韓圜（約 460 元到 935 元台幣）就好了。假使你欠缺經驗，那就先收 1 萬韓圜（約 230 元台幣），盡快熟悉與掌握工作，然後盡量多接諮詢電話。當你累積一定的經驗值成為專家後，每個委託案可以賺 2 到 3 萬韓圜（約 460 元到 700 元台幣）。每天處理八件，就能賺得比普通大企業職員多。

你想賺更多的錢？提高單價就可以了。到府服務會花一些時間，你可以問客戶：「還有其他的東西需要幫您組裝的嗎？額外加裝的收費比較便宜。」幫助客戶處理讓他感到不方便的事，賺額外的錢。由於客戶無論如何都要再找人幫忙，有可能願意支付追加金額，讓你一併處理掉。另外，在工作過程中，

你還會聽到客戶抱怨各種不便之處。

如果你讀到這裡，你可能會質疑：「女性不會願意隨便讓人進家裡吧？」。所謂經營事業就是你要提出一個點子，解決所有問題（因此第五章的大腦自動化非常重要）。如果客戶是女性，不願意讓到府服務的工作人員進屋，你就說：「請您按時將物品放在外面，組裝好後，我再發訊息通知您。我也會替您分類回收包裝紙。」除此之外，你可以將各種困難事項加以商品化，定價並提供幫助。累積到一定程度，你的企業就會征服那一區的生意。

商業是解決問題的遊戲。工作中會出現很多問題。如果你踏上逆行人生者的七階段模型，問題解決能力就會自然而然地增強。有人會先抱持懷疑，說：「這樣就能每個月賺 1 千萬韓圜（約 23 萬元台幣），不就人人都能成為有錢人嗎？」或有的人隨便寫兩篇部落格文章後，又說：「什麼啊？沒人打來啊？」此外，也有因為顧客提出不合理的要求而感到不悅，做不下去的人。如果你屬於這些人，我希望你複習前面提到的基因錯誤啟動，還有從第二章「自我意識解體」重新讀起。

2、到府通馬桶服務

這個項目只要有通馬桶的工具就可以了。讓我們來計算一下。如果你住在江南，那麼你就有五十萬名潛在客戶。過去一年，你家的馬桶有沒有堵塞過？每戶人家一年大概會堵塞一兩次。許多人能隨意進出的商家就更不用說了。相較於馬桶堵塞的頻率，幾乎每個人都不喜歡通馬桶。粗略計算，每天有近一千五百名江南居民被馬桶堵塞困擾。其中，會有多少人死都

不想親自通馬桶，因此上網搜索代替通馬桶的服務呢？我非常保守地算百分之一好了，那麼每天會有十五個人打電話給你。要是每個案子收費 2 萬到 3 萬韓圜（約 460 元到 700 元台幣）。這就會是你值得一試的零資本創業細目，且之後能擴展的項目數不勝數。

有人會說「你計算得太樂觀了，我認為江南區一天的委託不會超過三件。」如前所述，經營事業是解決「問題」的遊戲。如果你說的是對的，你不是就該擴展到首爾所有的區域嗎？如果首爾有十三個區，就意味著每天會有四十五通電話。很少有大城市像首爾一樣，能靠低廉的大眾交通費迅速移動，且公共交通覆蓋了整個首爾。如果你會騎摩托車就更好了。要是你是開車，你可以根據車程距離的不同，制定不同的收費標準。最重要的是，在我看來，如果你每天只接到三件委託，那就是你行銷做得不夠。因為就像我前面所提到的，馬桶堵塞現象極其普遍。這個問題是你學習包括部落格行銷在內的多種網路行銷，進行優化就能解決的。

3、開鎖服務

這個項目和前面的情況相似。現在這個時間，一定有人在某處被門鎖上所擾。如果說這個項目與前面的情況有哪裡不一樣的話，那就是幾乎所有的地方都有這種服務。不過，網路上並非如此。大部分五金店和鑰匙店的老闆都很少進行部落格行銷，也沒興趣在 NAVER 地圖新增自己的店。你只要解決這一部分，一天就能接到數十通電話。如果你每天幫客戶開二十扇門，一個月就能賺超過 1 千萬韓圜（約 23 萬元台幣）。

要是你還是想反駁一下，「要怎麼學開鎖技能？」、「萬一門打不開怎麼辦？」你可能還記得我在前面舉了一個親戚手機店的例子。那個親戚原本每月賺 400 萬韓圜（約 9 萬 3 千元台幣）左右。在我幫忙他進行部落格行銷六個月，他每月就能賺到 4 千萬韓圜（約 93 萬元台幣）。開鎖服務也是一樣，只要認真去進行部落格行銷與申請註冊 NAVER 地圖，就能賺很多錢（參考自青部落格 Isanghan 行銷 Youtube 頻道）。在 NEVER 地圖上註冊商店時，你要進行詳細的說明並附上照片，以提高信賴度。另外，如前所述，你的部落格關鍵字要涵蓋所有區域。如「紫陽洞開鎖」、「清潭洞鑰匙店」、「狎鷗亭洞遺失鑰匙」等。

　　問題是開鎖技能。如果是我，可能會存一大筆錢去找鑰匙行，向老闆提議：「老闆，我想速成學開鎖技術。我可以拜師，跟你學一個星期嗎？我不會妨礙你的。我願意支付 500 萬韓圜（約 11 萬元台幣）的學費。我不會在這一區裡開店，我會去一百公里外的地方營業。」

　　幾乎沒有老闆會拒絕這個提議。開鎖技術某種程度上已是大眾都熟知的技術。只要你明確表示學開鎖不是為了做壞事，而是為了創業，對方就會樂意傳授技巧。你在 A4 紙上寫下你為什麼想學這個技術，交給他吧。如果你覺得這方式行不通？那你就走遍二十家鎖行吧，至少會有一兩個家願意傳授技巧。世上沒有不可能的事，只要想成是腦力還不夠，那就簡單了，你要努力優化大腦。請記住基因錯誤啟動和自我意識解體。

4、幫忙處理垃圾服務

這是我最近發現的項目。正如前面所說，我不久前搬到了楊平的一個農村。這裡有很多田園住宅，住著 50 歲以上的退休者。我把搬家垃圾放到了外面，奇怪的是，兩個多星期都沒人來收垃圾，我覺得很奇怪，想著「是我垃圾分類錯了，垃圾車才不收的嗎？」於是，我打電話給不動產仲介，卻得到了意外的答案。

「啊，你們那一區不在垃圾車服務範圍。這一區和首爾不一樣。可回收物品和倒垃圾的地方距離有一公里左右，你得開車去。你要先收集一個禮拜的可回收物品和垃圾，然後在每星期四下午載去倒垃圾。」

天啊，怎麼會這麼不方便？居然要我開車倒垃圾。替我打掃房子的清潔阿姨無法替我們處理這件事。我問仲介有沒有公司會幫忙處理這種事。他說沒有。」居然有這種機會！

① 加平，楊平與南楊州有數不清的高級住宅社區。很多從大城市退休的有錢人們偏好在首爾近郊蓋豪宅，過悠閒生活。他們的錢很多卻沒有地方好花，所以，把錢花在解決麻煩事上。因為社區多，估計像我這樣感到不便的人也會很多。

② 這是前面提到的行銷無法觸及的領域。你可以以「一週一次幫忙垃圾分類回收」為主題，製作廣告傳單，然後去首爾近郊的高級住宅社區發傳單。

③ 高級住宅社區非常多，你沿著楊平，加平、南楊州、利川、驪州、河南等，至少超過五千棟的高級住宅，只要你發送

傳單，至少會有兩百到三百個顧客聯絡你。如果很少人聯絡你，那就是你設計的傳單有問題。你必須修改設計和廣告標語，並附上證明書或你的照片，及履歷與工作照等，提高信賴度。另外，也有可能因為傳單曝光度不足，你可以張貼在其他地方。如果你是一位退休人士，並收到這樣傳單，你會有什麼疑問？這個人是不是小偷？這是不是幽靈公司？諸如此類的問題。你只要用訊息或簡訊，發送能消除疑慮的照片或積極經營的部落格就可以了。

④ 從聯絡你的兩百到三百個客戶中，選出一百多個。排除掉移動路線沒有效率或太遠的地方。另外，如果某特定社區的住戶申請得特別多，你就集中攻略該地區。價格定為一週一次，一次 2 萬韓圜（約 460 元台幣）。如此一來，一個月就四次，如果你替一百戶人家處理垃圾，你每月就能賺到 800 萬韓圜（約 18 萬 7 千元台幣）。而且，要是你的服務夠好，用過你一次的住戶就會口耳相傳。由於住在郊區的住戶形成了社區，因此消息很快就能傳開。幾乎每個住在高級住宅區的人都會遇到同樣的問題，因此你的公司宣傳一瞬間就能完成。

如果你成功了，該服務可以擴大到全國，運氣好的話，可以與當地地方政府或建設公司簽約，成為指定代理企業。如今是一個被預告「勞動終結」的時代。隨著時間的推移，有錢的退休人士將越來越多，而且不再像以前那樣與子女組成大家庭，一塊住在市區，居住在城市近郊的退休人口數可能會增加。如果你能在初期的競爭中，快速成為龍頭企業，你就有可能成長為該領域的領袖品牌，有可能超越個人事業，成為具有一定規

模的中堅企業。不要忘記，現在的大企業初期也是從這種小事業起步的。

好，現在來聽聽你的反駁。

(1) 如果整個地區的回收日都是一週中的特定日怎麼辦？

這不大可能。每個社區的屋子數量不同，收垃圾或資源回收業者的車輛與人力有限，所以他們一定要會在不同的日子進行回收。即使他們偏集中在週幾，你只要專注經營回收日不同的社區即可。如此一來，你的移動路線可能會有點長，但由於回收業者也會考慮最佳移動路線進行回收，不會長到你無法處理的程度。

(2) 要是每月只賺 200 萬韓圜（約 4 萬 6 千元台幣）怎麼辦？

重要的是，你把它當作升級，試著挑戰一次。在經歷多次失敗和錯的情況下，升級是非常重要的。你想中樂透的話，你就把這本書放進垃圾桶，然後去彩券行吧。

(3) 我要住在郊區嗎？

為了積累經營事業的經驗，最少住六個月。

我認為嘗試升級時，住在郊區不是件壞事。如

果你住在郊區附近，經常往返，除了幫忙垃圾回收外，還能發現其他事業項目。

　　有個有趣的故事。《逆行人生》出版約莫四個月後，我去楊平的家，不知是誰貼了傳單。一般來說，很少有人在楊平鄉下別墅上貼傳單。我抱怨着：「到底哪個瘋子做這種蝕本生意，在鄉下貼這種東西？」但是，當我一看到傳單，不禁瞠目結舌。傳單上寫著「代收垃圾服務」。而且，光是那一個禮拜就有兩家公司也貼了傳單。是啊。有些看過這本書開始了「代收垃圾」。感覺真微妙。因為這個創業項目等級低，所以我並不期待他們透過這項事業取得成功。不過，我佩服他們看完這本書後身體力行。毫無疑問地，隨著時間過去，他們必然能迅速升級，並取得成果。

　　除了前面提到的四個項目之外，世界上還有無限的機會。這些項目只是我把最近搬家時感到的一些不方便，考慮為事業項目而已。一旦你養成像這樣尋找機會的習慣，一定能挖掘出幾個好項目。你要傾聽周圍人的故事，無論去哪裡看什麼，都要從事業項目的角度思考並提出問題。也許你會說：「我想不到這種點子……」這部分，我在「塑造認同感」部分介紹過了，請再重看一次。

　　到目前為止所說的都只是舉例說明，我只是大致提出了，如何在平凡的日常生活中，挖掘出有潛力的事業項目，以及當我想到這些項目時，我是如何將其商業化。另外，前面的例子只需要你有一個強壯的身體就能進行。假使你具有特定領域的

專業知識，或者有寫程式或製造能力，事情就容易多了。我個人正經營著多種事業，主要事業有三項：復合諮詢，網路行銷以及電子書出版。這是我以專業能力和文創內容生產能力為基礎，再加上前面提到的方式進行業務擴張的事例。剛開始也許會吃點苦，只要你的服務真的能解決人們的不便，獻上幸福感，市場一定會很快給予你回應的。

還有，無論何時，無論你處於哪個階段，熟知逆行人生者的七階段模型並升級，至關緊要。再說一遍，等級是原因，財富是結果。賺不了錢，不要怪他人、怪社會。一定是等級出了問題。你要回到逆行人生者的七階段模型，從頭開始升級。前面的項目還沒帶給你靈感嗎？為了讀者，我將在此次增訂版中分享其他例子和我如何讓我的事業成功。

我們公司的員工大多是看了我的影片後加入公司。然而，其中一位經驗豐富的設計師美妍卻是在完全不認識我的情況下，進入公司。美妍偶爾會負責外包公司。某一天，她和外包公司聊天的時候，對方說：「Isanghan 行銷不是自青的公司嗎？原價是九十萬韓圜（約 2 萬 1 千元台幣），這次算你們免費。多虧自青，我才能在事業上取得成功。這是我的報答。」在同一週，我們請來了一家公司專門進行影片拍攝與剪輯，而那位負責人竟然也是我「零資本創業」講座的學員。他的時薪是五十萬韓圜（約 1 萬 1 千元台幣），但他為表謝意，沒有收取拍攝費用。這些人是如何零資本創業成功的呢？我將逐一分享成功創業的經驗。

零資本創業七階段公式

① 選擇一個行業。

② 獨自嘗試並學習。

③ 經歷挑戰並提供免費服務。

④ 完成逆行人生者七階段模型，實現大腦自動化。

⑤ 提升本質。

⑥ 進行市場行銷。

⑦ 招募員工與流程自動化。

　　如果不知道該做什麼，你可以嘗試上 Kmong 網站，那裡有數百、數千件不同的工作，從中選出一個你感興趣的項目。我們假設你選擇了「影像剪輯」這個項目：

　　1. 選擇一個行業。

　　-- 選了影像剪輯。

　　2. 獨自嘗試並學習。

　　-- 從自學影像剪輯開始，再報名補習班或線上課程。

　　-- 基本前提是，你要實行大腦自動化 22 策略。必須要提高基本智力，與培養解釋能力。如果大腦沒有進行優化，學習速度會很慢。

3. 經歷挑戰並提供免費服務。

-- 因為技術太差，不能收費，所以你可以免費替朋友提供服務，或自己經營 YouTube 頻道進行練習。如果你正式接案，你一定要提供全額退費制。

4. 完成逆行人生者七階段模型，實現大腦自動化。

-- 不斷地進行自我意識解體，提高智力，透過反覆進行逆行生者七階段模型，不斷地升級。

5. 提升本質。

-- 如果你不斷進行影像剪輯，你將學會剪輯基本技術，然而，這時候你的水準和其他人相似。現在你要做的不再是反覆剪輯，而是升級本質。觀察觀看次數高的 YouTube 影片，進行分析和研究，像是其他人如何編輯影片；如何製作影片縮圖的。每當遇到困難時，要解體自我意識。

-- 也有很多剪輯者只接簡單的影片剪輯工作，賺一天算一天。他們的共同特徵就是不閱讀。你不能和他們相同，要養成閱讀習慣。

-- 你必須成為不可替代的人。你要和其他影片剪輯者不一樣，開始提供其他 YouTube 使用者關於影片縮圖或影片標題的建議。你將逐漸累積你的經歷。

6. 進行市場行銷。

　　-- 如果你的本質升級了，就開始學習網路行銷吧。透過書籍、聚會、線上課程等獲取知識，拓展人脈。這樣一來，向你諮詢的人會越來越多。

　　-- 隨著市場行銷的發展，會出現供不應求的情況。現在你可以逐步提高收費。

　　7. 招募員工與自動化流程。

　　-- 現在你的收費已經漲到不能再漲了。是增加員工的時候了。開始學習人資管理，逐漸擴大職員規模吧。不僅是影像剪輯，你還可以發展社群網站廣告服務、廣告影像拍攝服務、拍攝與剪輯企劃等一條龍服務。只要做到這一步，你大抵已經獲得財務自由。在此基礎上繼續發展，最終會成為企業。

　　接下來，我將利用這個公式說明我透過零資本創業，取得成功的兩項創業項目：「ATRASAN 感情諮商」和「Isanghan 行銷」。

　　1. 選擇一個行業。

　　--2010 年：決定進行線上感情諮商。

2. 獨自嘗試並學習。

-- 我讀了三十多本分析男女心理的書，也讀了二十多本關於市場行銷和商管的書。我的創業夥伴知韓則透過自學，架設了網站。

3. 經歷挑戰並提供免費服務。

-- 創業初期，我提供朋友免費諮詢，累積事例。等到開設網站後，我將諮商費用定為一萬九千韓圜（約 450 元台幣），並引入了全額退費制。

4. 完成逆行人生者七階段模型，實現大腦自動化。

-- 一開始，我經常閱讀心理學與諮商相關書籍。我想很少諮詢相關人士有閱讀習慣的，我深信只要我繼續閱讀，我一定能成為最頂尖的諮商師。

5. 提升本質。

-- 我堅持寫作，並專注提高我的邏輯能力和智力。另外，因為我一直在學習心理學與諮商，接觸各式各樣的案例，經驗值和實力持續不斷進步，最終在五年內，我成為了韓國國內最頂尖的感情諮商專家。因為很少有人持續閱讀並進行研究，所以我輕而易舉地佔據領先地位。

6. 進行市場行銷。

-- 一開始，我透過 NAVER 部落格和知識 iN 進行行銷，不花分毫遍吸引了人們的關注。此後，我報名了一些市場行銷講座，掌握了各種行銷技巧。在每月淨利超過五千萬韓圜（111萬元台幣）之後，我將業務外包給網路行銷代理公司，研究更有效的經營方式。

7. 招募員工與流程自動化。

-- 感情諮商的起價原為每小時一萬九千韓圜（約 450 元台幣），但隨著需求增加，我逐漸提高了費用，從五萬韓圜（約1 千元台幣）、十萬韓圜（約 2 千 3 千元台幣）到二十萬韓圜（約4700 元台幣），人氣非常高，有時需要等一個多月才能接受諮商。最終，諮商費漲到了每小時五十到九十萬韓圜（約 1 萬 1千元台幣到 2 萬 1 千元台幣）。這時，我逐漸增加諮商團隊，並進行員工培訓，建立相關系統。剛始，我擔心把感情諮商業務交給別人，會影響品質，同時也會減少我的淨利，但是，自從我讀了商管書籍之後，我意識到不能把事情放手給別人做是種愚蠢的想法。在我聘請諮商師後，我獲得了時間上的自由，公司也實現了徹底自動化，我的淨利大幅增加，最終獲得了財務自由。不僅如此，我還能緩出手發展其他項目。

在感情咨詢事業「ATRASAN」成功之後，我 32 歲時開始了零資本行銷事業。當時我因為不了解市場行銷，所以只從部落格行銷起步，換來了 ATRASAN 的成功。我採用相同的公式，

在創業初期實施了免費全額退費制，透過不斷地學習行銷提升本質。我又透過 YouTube 和社群平台進行了市場行銷，後來由於供不應求，我開始招聘職員。現在已經成長為一家擁有一百多名職員的公司。

　　看起來沒什麼特別的嗎？這裡的關鍵是，是否應用了七階段逆行人生模型。這世上沒有人想失敗。大多數企業失敗的原因是因為沒能完成七階段。可能是因為大腦沒有優化，可能是因為沒閱讀，也可能是因為自我意識沒有解體以接受新資訊。如果你無法擺脫潛意識、自我意識與遺傳基因的控制，你無法產生創新思維，而平凡會導致失敗。你可能以為閱讀只需要閱讀文字，很容易，但這絕不容易。比起追求短期成果，你更應該專注於透過反覆進行逆行人生七階段來升級自己。即使失敗了也要繼續嘗試。如此一來，你在不知不覺間會獲得升級，最終實現財務自由。

　　有人可能會問這個問題：「自青，你第一本書就成為暢銷書作家，賣了四十萬本，這不是因為你是個天才嗎？是因為天賦，而不是因為逆行人生者七階段吧？」如果你這麼想，我要告訴你我在出版《逆行人生》之前所進行的挑戰與經歷過的錯誤。《逆行人生》在 2022 年出版，但從 2011 年到 2019 年，共八年的時間，我寫了無數篇文章。

　　① 我每天花十小時寫諮詢文章給客戶，持續了近兩年的時間。當客戶提出自己的煩惱，我就用五頁 A4 紙進行分析，並提出解決對策。我每天平均和五名客戶打交道，寫了長達二十頁的文章。

② 我進行部落格行銷八年，天天寫文章。因為我必須透過文字吸引顧客，所以我不停地思考「怎麼寫才能讓人們願意讀」，經歷過無數次的挑戰與錯誤。在這過程中，我完成了數百篇文章，積累了寫作經驗。

③ 感情諮商的關鍵是發給對方的「一句話」，讓對方感覺到自己的心聲獲得回應。我每天花三小時思索該發什麼內容給對方。也就是說，我從事了好幾年的文案工作。我無數次想像和思考對方會如何解讀我寫的內容。

④ 2019 年初，我寫了電子書《男女的本能與情感》與《重逢原理》。雖然我把初稿寄給了十家出版社，但都遭到了拒絕。現在想來，沒有符合出版格式，缺乏證據，只有攻擊性的文字，這是必然的結果。我經歷了試錯。我想著：「你們拒絕我的文章？我要讓你們後悔（我想那時我的自我意識還沒有徹底解體）。」從那之後，我在二〇一九年開設 YouTube 頻道。我在 YouTube 上推薦的書籍全部大受歡迎，並成為暢銷書後，有兩百多家出版社邀請我出書。過去我投稿的那十家出版社也都聯絡了我。我將失敗化為成功。

⑤ 在出版《逆行人生》之前，我還寫過四本電子書，相當於我寫過六本電子書：《男女的本能與情感》，《重逢原理》、《超思考寫作》、《YouTube 演算法的踢踏舞》、《自青的零資本創業》與《分析人類的六種工具》。這六本書，每個月為我帶來一億韓圜（約 240 萬元台幣）的被動收入。這意味著，我在寫作方面已經超越業餘作家，進入了全職作家的階段。此外，三年來，我寫下一百多篇部落格文章。

大眾往往認為《逆行人生》是我的第一本書，認為是我運氣好，或行銷做得好，才誤打誤撞地成為暢銷書。但我內心並不把自己當新人作家。我從 2009 年開始不斷經歷嘗試與錯誤，我寫的文章比任何人都多。正如我前面所說，只有經歷失敗和經驗才能升級。《逆行人生》是我經歷了近十年的無數失敗和經驗後的成果。

　　很多人在看到別人取得好成績，就會發動自我意識防禦，說：「是他運氣好」、「他有天賦」。這是人類的本能。我一再強調，必須解體自我意識才能客觀地看待情況，提升自己。我們必須掙脫所有束縛我們的陷阱——自我意識、潛意識與遺傳基因。只有這樣，才能成為逆行人生者，從人生中獲得自由。

逆行人生：從命中注定的輸家到財富自由的贏家！七個步驟獲得不平凡的人生 /
自青著；黃莞婷譯 . -- 初版 . -- 臺北市：八方出版股份有限公司 , 2023.11
　　面；　公分
譯自：역행자：돈・시간・운명으로부터 완전한 자유를 얻는 7 단계 인생 공략집
ISBN 978-986-381-236-4(平裝)

1.CST: 成功法 2.CST: 自我實現

177.2　　　112012113

HOW 95

逆行人生：
從命中注定的輸家到財富自由的贏家！七個步驟獲得不平凡的人生 /

2023 年 11 月 9 日　初版第一刷　定價 400 元

著　　　者	自青
譯　　　者	黃莞婷
美術編輯	王舒玗
總編輯	洪季楨
編　　　輯	王毓娪・葉雯婷
編輯企劃	八方出版
發 行 所	八方出版股份有限公司
發 行 人	林建仲
地　　　址	台北市中山區長安東路二段 171 號 3 樓 3 室
電　　　話	(02) 2777-3682
傳　　　真	(02) 2777-3672
總 經 銷	聯合發行股份有限公司
地　　　址	新北市新店區寶橋路 235 巷 6 弄 6 號 2 樓
電　　　話	(02)2917-8022・(02)2917-8042
製 版 廠	造極彩色印刷製版股份有限公司
地　　　址	新北市中和區中山路二段 380 巷 7 號 1 樓
電　　　話	(02)2240-0333・(02)2248-3904
郵撥帳戶	八方出版股份有限公司
郵撥帳號	19809050

역행자：돈・시간・운명으로부터 완전한 자유를 얻는 7 단계 인생 공략집
Copyright ©2022 by JaChung
ALL rights reserved.
This Traditional Chinese edition was published in 2023 by Bafun Publishing Co., Ltd(DEETEN)by arrangement
with Woongjin Think Big Co.,Ltd., Korea
through Rightol Media Limited
本書中文繁體版權經由銳拓傳媒取得 (copyright@rightol.com)